로즈 할머니의
인생 정원

로즈 할머니의
인생 정원

전석순 에세이

아직도 하고 싶은 것이 많은
70대 할머니의 인생 이야기

차례

배움의 기쁨

마음이 부자입니다

변화를 받아들이다

여행은 늘 즐겁습니다

에필로그 'epilogue'

배움의 기쁨

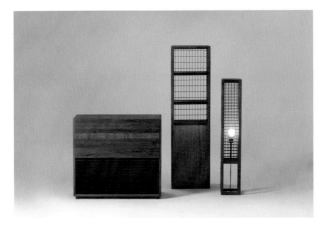

기와 시리즈
giwa series (2017)_choi, joonwoo

영어 이름 Rose

    밴쿠버에 도착해 픽업나온 청년의 차를 타고 홈스테이 집에 도착했다. 주변은 모두 주택가이며 한적하면서 예쁜 동네였다. 여기서 몇 달을 산다고 생각하니 설레이기도 하면서 살짝 두렵기도 했다.

    짐을 내린 후 고맙다는 인사를 하고 헤어진 후 열려있는 대문 안으로 들어갔다. 마침 안쪽에서 차 소리를 듣고는 안주인 (필리핀계 캐나다인)이 나오다가 멈칫거린다. 대학생이나 젊은 여성이 올 것이라는 예상과 달리 50대 후반의 여성이 나타났으니 Oh, my God! 아니었겠나.

    그래도 어색한 미소를 띠면서 반갑다고 인사를 한 후 "영어 이름이 뭐예요?" 갑자기 물으니 '뭐로 하지' 하는 순간, 정원에 만발해 있는 다양한 색의 장미꽃이 눈에 들어왔다.

    "Rose"
그래서 순간적으로 만들어진 내 영어 이름은 "Rose"다.
원래 난 꽃순이다. 꽃을 너무 좋아하기 때문에.

56세에 떠난 어학연수

2006년 5월 초 4개월간의 어학연수를 떠났다. 내 인생에서 가장 잊을 수 없는 오로지 나만을 위한 최고의 시간이었다. 아들과 막내딸은 이미 결혼을 했고 큰딸도 직장에 다니고 있어서 나에겐 황금 같은 시간이었다. 내가 열심히 일해 저축한 돈으로 나에게 주는 4개월간의 특별상이랄까.

2006년 9월 중순에 새 아파트로 입주를 하게 되어서 살고 있는 아파트를 부동산에 내놓았더니 생각보다 빨리 매매가 되어 짐은 콘테이너에 맡기고 갈 수가 있었다. 마침 유학원 운영을 하는 둘째 여동생에게 어학연수를 갈 테니 홈스테이와 어학원을 알아봐 달라고 부탁했다.

"언니! 몇 시간 수업 들을래?"
무식하면 용감하다고 갈데도 없고, 아는 사람도 없으니 풀타임으로 들겠다고 했다.

밴쿠버어학원 스케줄
오전 9시 시작
90분 2타임

점심시간 1시간
오후 50분 2타임
으로 결정했다.

막상 가서 수업을 들으니 난감했다. 오디오로 녹음한 영어 문장을 들려주면서 쓰라고 한다. 다시 한번 더 들어도 들리지도 않고 내 귀엔 겨우 2~3개 단어만... 진땀도 나고 머리도 땅하며 어떻게 해나가야 하나 걱정스러움에 약간의 후회마저~

그래도 버텨내야 했다. 내가 선택한 일이니까! 힘들고, 머리 써야 하고, 스트레스까지 받으니 어느 날 머리 감는데 머리카락이 많이 빠졌다. 왜 사서 이 고생이냐며 순간순간의 갈등에 빠졌지만 그래도 잘 참고 견디어낸 값진 4개월의 시간이었다. 금요일 오후 수업은 다양한 활동 시간이었다. 남미와 일본에서 온 젊은이들과 야구 경기도 보러 가고 여러 곳의 역사 박물관과 캐나다 원주민들의 생활상을 볼 수 있는 민속관을 가보기도 했다. 젊은이들과 친구가 되어 즐겁게 보낸 색다른 경험의 시간이었다. 그때의 4개월은 내 인생에 가장 찬란 했던 보물 같은 시간이었다.

난 생각한다.

기회가 오면 도전을 해야 하고 그 도전을 통해 또 새롭게 발
전하는 내 모습에 뿌듯함과 성취감을 느낀다.

정말 정말 잘했다.

"Rose, You did a great job!"

할머니는 왜 교회 안 가세요?

한동안 외손주가 할머니는 왜 교회 나가지 않느냐며 만날 때마다 묻곤 했다. 그러면서 할머니가 교회에 다니고 하나님을 믿어야만 천국 가는데 할머니는 교회에 나가지 않고 하나님을 믿지 않으니 천국에 갈 수 없어서 나중에 자기랑 만날 수 없다며 교회 가자고 졸라댔다.

할머니는 할머니 엄마 '호호 할머니'도 만나야 하고 또 할머니 남편도 만나야 하기 때문에 갈 수가 없다고 말해주면서 하늘은 넓고 넓어서 하나님 믿는 사람들이 가는 곳도 있고 부처님 믿는 사람들이 가는 곳도 있어서 할머니가 알아서 잘 찾아갈 테니 걱정하지 말라고 말해줬다.

과연, 다음 세상은 어떤 세상일지?
우리는 어디로 가는 건지?

성격유형(MBTI)

　혈액형이 뭐예요? 물으면 요즈음은 구식이라 한다.
지금은 성격유형(MBTI)이 대세 중의 대세다. 그래서 우리 가
족들도 한번 MBTI 테스트를 해보기로 했다.

　나와 큰 사위는 '사교적인 외교관'의 ESFJ
　인구 중 약 12%를 차지하는 성격유형이라 함.
　우리 아들과 두 딸은 '용감한 수호자' ISFJ
　며느리는 '대담한 통솔자' ENTJ
　천성으로 리더쉽을 타고났을 가능성의 ENTJ
　막내 사위는 '호기심 많은 예술가' ISFP
　손녀는 '정의로운 사회운동가' ENFJ
　인구의 2%만이 이 유형에 속한다고 한다.

　테스트 결과 신기하게도 아들과 두딸의 성격유형이 같다.
아마 같은 환경에서 받은 부모의 교육, 생활 태도 등으로
유형도 비슷할 수 있다는 생각이 들었다.

　재미로 해봤지만 맞는 부분도 많고 시대에 따라 대세가 되
는 이론도 바뀌는 것 같다.

블러드 타입(BLOOD TYPE) 에서 MBTI로~

여름옷은 겹겹이 입어도 춥다.

  2005년 6월 중순쯤, 나는 막내딸과 바로 아래 여동생 그리고 여동생 친구와 함께 동유럽 일주 여행을 떠나게 되었다. 가기 전에 매일 날씨를 체크해 보니 점점 기온이 올라가서 챙겨둔 바람막이 자켓이 짐만 되겠다 싶어 출발 전날 여행 가방에서 빼버렸다

  아뿔싸!
  막상 도착해서 다녀보니 초여름 날씨가 제법 쌀쌀한데다 바람까지 부니 너무 추웠다. 자꾸 집에 두고 온 자켓이 아쉬웠다. 여름옷이지만 겹겹이 입어보자며 있는 옷을 다 꺼내 입었지만 천이 얇고 하니 전혀 도움이 되지 않았다.

  폴란드 크라쿠프에 도착하니 2시간의 자유시간이 주어졌다. 우린 광장에 있는 샵에 가서 각자 가디건이나 점퍼, 자켓을 구입해서 입었다. 그나마 살 것 같았다.

  비엘리치카 소금 광산을 들어가기 위해 입구에 줄을 서서 기다리는데 견학 온 어린 아이들이 킥킥거리고 웃으면서 자꾸 쳐다본다. 이젠 자기들끼리 소곤소곤 하더니 더 많은 애들

이 쳐다본다.

"왜 그러지?" 생각해 보니 내가 입고 있는 진한 곤색 가디건 때문이었다. 가디건 양쪽 팔 끝부분과 밑쪽의 끝부분 문양이 온통 소금을 뿌린 것처럼 보였기 때문이었다. 멋있는 디자인 이었지만 걔네들이 볼 땐 좀 이상해 보였겠지?

그 경험 이후 일기예보를 확인은 하되 전적으로 신뢰하지 는 않는다. 만약을 대비해서 내 캐리어 안에는 사계절 옷이 다 들어있다. 그때 산 가디건을 입을 때마다 별거 아닌 것에 도 해맑게 웃는 순수한 아이들의 밝은 모습이 떠올라 혼자 미 소를 짓는다.

변기를 부여잡고

하와이 직원 연수에 참여하기 위해 인천공항 비행기 탑승
전 대기하고 있을 때였다. 일행들과 함께 면세점을 둘러 보
고 있는데 일행 중 한명이 다가오더니,

"큰일 났어요" 깜짝 놀라 "무슨 일인데요?" "동남아 쪽
비행기가 추락해서 전원 사망이라고 방금 TV뉴스에 나왔어
요." 순간 머리가 멍한 기분이 들었다. 내가 26명을 인솔해
가는 연수여서 인솔자는 늘 세심하게 신경을 써야 하니 괜한
걱정스러움이 밀려왔다.

호텔에 투숙해 새벽에 눈을 뜨니 온 방 안이 빙빙 돈다. 어
지러워서 도저히 일어날 수가 없어 다시 눈을 감은 채로 더
누워 있었다. 오전 9시에 투어 일정이 잡혀있어서 억지로 일
어나 기다시피 화장실로 갔다.

혹시 체한 게 아닌가 싶어 변기를 부여잡고 토하기를 시도
했지만 토하지는 않았다. 겨우 세수만 하고 내려온 내 모습을
본 여성 가이드가 "안색이 안 좋아 보이시네요? 어디 아프세
요?" 하고 묻는다. "네, 체기가 있어서 어지럽네요."

가이드는 손을 따면 괜찮아질 거라며 가방에서 볼펜침을 꺼내 내 손가락 끝을 몇 군데 찔러 주었다.

점심때 일행들은 식사를 하기 위해 식당으로 들어가고 나는 한국인이 운영하는 슈퍼에 가서 까스명수를 한 병 사서 마셨다. 갑자기 속이 요동쳤다. 얼른 화장실로 가서 토하고 나니 조금은 가벼워진 느낌이었지만 여전히 머리는 무겁고 어질했다. 오후엔 해변에서 바닷 바람을 맞으면서 좀 걸으니 조금 나아졌다.

저녁 식사 때 들린 한식당 옆에 한국인이 운영하는 한의원이 있어 한의사 선생님께 증세를 설명하니 침을 여러 군데 놓아주셨다. 이튿날부터는 몸이 가벼워졌고 속도 한결 편해서 즐겁게 관광을 다닐 수 있었다.

나중에 한국에 와서야 체기가 아니라 비행기 추락 사고에 신경이 쓰여 생긴 신경성 고혈압 때문인 걸 알게 되었다. 나도 그 다음부터 여행 갈 때는 볼펜침을 챙겨간다.

직업병

아들이 결혼하기 전에 홍콩, 심천으로 패키지여행을 갔다. 단체관광이다 보니 자유시간 이후 가이드가 몇 시까지 어느 장소에 모이라고 설명을 했다. 우린 여유있게 10분 전 쯤 정해준 장소에 도착해서 일행을 기다리고 있는데 나도 모르게 사람 수를 세고 있다.

그러다 불쑥 튀어나오는 말이 "몇 분 안 오셨네요." 그 순간 아들이 옆구리를 쿡 찌른다. 그런 말 하지 말라며...

생각해 보니 고교 동기들과 여행 갈 때에도 "누구누구 안 왔네." 하며 인원체크를 하곤 했다. 오랜 세월 인솔자로 많이 다니다 보니 자꾸 확인하는 버릇이 들었나 보다.

그래서 옛말에 '세 살 버릇 여든까지 간다' 는 말이 있듯이, 오랜 직업병이 무섭긴 무서운가 보다.

배움에서 즐거움을 느낀다.

　난 중학교, 고등학교 다닐 때 공부에 대한 흥미도 없었고, 또 공부법을 잘 알지도 못했다. 우리 엄마는 당신이 학교에 다니지 못한 것에 대한 한이 있어서 그런지 5남매만은 꼭 대학교육을 시켜야 겠다는 엄마만의 다짐이 있으셨다.

　대학에 진학한 후 갑자기 공부를 해야 되겠다는 마음이 들어 난생 처음 밤을 새워 시험공부를 했다. 그때 철이 든 것인지? 점점 공부에 재미를 느껴서 하다보니 장학생이 되어 부모님이 정말 좋아하셨다.

　결혼 후 1남 2녀를 낳고 아이들이 중고등학교를 다닐 때도 공부하라는 재촉은 거의 하지 않았다. 아마 내가 하지 않았으니 그런말 하기가 미안해서 인지는 모르겠지만. 3남매 모두 대학생이다 보니 학비도 만만치 않고 아들은 서울에서 대학을 다니다 보니 집세에 용돈까지 매월 보내야 했다.

　큰딸은 영국 본머스로 어학연수를 가기 위해 아르바이트를 해서 학비는 본인이 충당하고 나머지는 우리가 보태주었다. 아들도 건축학과를 다니고 있어 일본 건축답사를 가야 하니 좋은 카메라도 사야 했고 여행경비도 있어야 했다. 거기다가 막내딸은 대학 1학년 여름방학 때 한 달 반 동안 호주에 식품 연수를 가기로 했다.

남편이 세 명을 다 서포트 하려니 좀 부담이 되었는지 막내는 보내지 말면 어떨까 하고 물어보길래 "잘하면 잘하는 대로 더 기회를 주고 부족하면 더 투자를 해야 한다고." 그 말을 들은 남편이 곰곰이 생각하더니 "당신 말이 맞다" 라며 동의를 해주었다.

난 아이들에게 학교 다닐 때 잘하면 좋지만 부족해도 계속 배움의 자세로 인생을 살아야 한다고 한결같이 말했다. 나 역시 중고등학교 다닐때 영어 문법을 열심히 하지 않아 기초가 부족하다. 그래도 71살이 된 지금, 잘하지는 못해도 영어 공부를 계속하는 건 배우는 즐거움을 느끼고 있기 때문이다.

보통의 사람들은 뇌를 20% 정도 사용한다고 한다. 하지만 뇌는 사용하면 할수록 기억력도 더 좋아지고 특히 치매 예방에는 외국어 공부가 도움이 된다고 한다. 뇌 건강에 도움이 되는 호두도 섭취하면서 배움의 끈을 놓지 않으려고 한다.

'모짜렐라 치즈'를 '모차르트 치즈'라고 말하는 실수를 하면서도 배우는 열정의 힘으로 노화도 늦추고 싶은 마음이다.

다양성

우리 친정과 시댁은 모두 불교를 믿는다. 여동생들은 결혼한 후, 바로 아래 여동생은 교회에 나가고, 둘째 여동생은 성당에 나가게 되었다. 가끔 일요일 오후에 만나면 나는 스님의 법문, 동생들은 목사님의 설교, 신부님의 강론을 듣고 느낀 좋은 말씀을 서로 공유한다.

종교의 가장 근본은 착하고, 바르게 살며 부모님을 공경하고 이웃을 사랑하며 나누면서 사는 것이라 생각한다. 그리고 각자의 종교를 존중해 줘야 한다.

나이가 들면 욕심을 내려 놓으라는 이야기를 많이 하지만 그동안 살아온 습관을 고치는 게 쉽지는 않다. 그래도 노력을 해야 한다. 욕심을 비우면 얼굴 표정이 밝아지고 마음도 편안해지기 때문에 생활에 활력이 생긴다.

오늘도 주어진 시간에 감사한 마음으로 살고 싶다.

강원도 묵호에서 만난 인연

막내딸이 태백에 살고 있어서 여름 휴가차 태백에 갔다. 딸이 묵호 바닷가 쪽으로 가면 요즘 새로운 카페도 많이 생겼다며 오늘은 동해안 쪽으로 드라이브도 할 겸 가서 바다도 보자고 했다.

점심을 먹은 후 해안가 바다 쪽으로 가보니 블루톤의 작은 카페가 마치 그리스의 해안에 있는 듯한 느낌을 주었다. 안으로 들어가 앉은 후 커피를 주문하고 카페 안의 분위기를 살피는데 남미 안데스에 관한 책이 눈에 들어왔다. 커피를 마시면서 카페 주인으로 보이는 분에게 그 책에 관해 여쭤어 보니 본인이 쓴 책이라 했다. 마침 카페 안에는 우리만 있었고 나 역시 남미 여행을 다녀온 지 얼마 되지 않아 관심도 가고 해서 이런저런 이야기를 나누게 되었다.

본인은 자전거 여행가이고 현재 남편과 독일에서 만나 한국까지 자전거 여행으로 왔다고 하며, 고향이 강릉이라 묵호에서 가깝다 보니 이 자리에서 카페를 오픈하게 되었다 했다.

우리의 수다는 쉴새없이 이어졌다. 남미 안데스 부락에서

31

겪은 흥미 있는 이야기와 벌레에 물려서 온몸에 두드러기가 나서 엄청 고생한 일, 자전거를 타고 가다가 자동차와 부딪친 사고로 다리 부상을 당해 한동안은 자전거 여행을 중단했던 일 등...

생생한 여행 경험담을 들으니 나도 신이 났고 서로 대화를 하다 보니 코드도 맞고 해서 연락처를 주고받았다. 그때 그녀의 남편이 카페 안으로 들어왔다. 서로 인사를 나누었고 그의 이름은 '에릭 베어하일', 독일인이었다.

"고목 나무에 매미"

아하! 남편은 키가 크고 문숙씨는 아담한 편이라서 친정엄마가 붙여준 것이란다. 그래서 책 제목이 '고목 나무와 매미'였다. 가끔 문숙씨가 안데스의 희귀한 꽃 사진도 보내주고 강릉으로 거처를 옮겼다는 소식과 TV프로에 나오게 되었다는 소식도 전해 주었다.

우연히 들린 카페에서 만난 귀한 인연이었다.

계획에 없는 다이어트

남미는 방목하는 소의 수가 사람의 수 보다 많다. 그래서 그런지 가는 곳마다 고기 인심이 넘치고 넘친다. 처음에는 아사도처럼 창살에 바비큐한 여러 부위의 고기를 웨이터들이 들고 다니면서 따뜻할 때 손님이 원하는 부위를 썰어서 준다.

한두 번은 맛도 좋고 그 모습이 신기하기도 해서 좋았는데 그 다음부터는 먹고 싶은 생각이 싹 사라졌다. 고기 대신 야채와 쌀죽, 빵, 커피와 간식 등으로 식사를 하고 돌아오니 몸무게가 3kg나 빠졌다. 계획에 없던 다이어트를 한 셈이다. 보통 여행을 다녀오면 몸무게가 2~3kg 더 나가기 일쑤인데 오히려 줄어든 몸무게가 살짝 반가웠다.

하지만 어렵게 비운만큼 쉽게 차오르는게 '몸무게'이다. 다시 예전의 몸무게로 돌아온걸 확인하며 깨달았다. 다이어트를 하려면 적어도 3주 이상 지속해야 한다는걸. 갑자기 무리하게 살을 빼는 것보다 시간을 두고 천천히 해야 건강의 밸런스도 유지하면서 몸매는 S라인으로~

Good News

친한 친구의 아들이 미국의 구글 팀장으로 근무하다가 창업 8년 만에 '유니콘'상을 받았다. 친구의 아들은 유튜브 광고 알고리즘을 만들어서 선풍적인 인기로 유튜브를 흑자 전환에 성공시킨 장본인이다.

성공이 보장된 구글에서 나와 'Start Up'을 해서 8년만에 1조 5천억원의 매출을 초과 달성해 '유니콘' 상을 받은 것이다. 유니콘 상의 조건은 10년 안에 1조원을 달성해야만 받을 수 있는 상이기에 정말 대단한 성과다. 어릴 적부터 친구 아들의 성장 과정을 쭉 봐왔고 친구 남편이 의사다 보니 아들에게 의대 쪽으로 권했지만, 본인의 확고한 신념으로 서울대 컴퓨터 공학과에 진학해서 졸업한 후에 미국에 가서 석사, 박사과정을 마쳤다.

더 놀라운 것은 그가 대표로 있는 기업 '몰로코'가 기업 문화 전문업체 '그레이트 플레이스 투 워크(Great place to work)'가 조사한 '2021 일하기 좋은 기업'에 선정된 것이었다. 몰로코 직원 91%가 자신의 회사가 일하기 좋은 회사라는 것에 동의한 것이다.

보통 미국의 경우 기업에 재직 중인 사람들에게 같은 질문을 하면 긍정의 답변이 평균 59%정도라고 하니 이 얼마나 대단한 일인가?

　8개국 지사, 총 200명 직원 중 91%는 자기 회사를 자랑스럽게 여기고 특히 '기업 경영이 정직하고 윤리적이다' 항목에서는 95%의 긍정적인 응답이 나온걸 보면 기업 '몰로코'가 얼마나 바람직한 기업문화를 이끌어 가고 있는지 알 수 있는 대목이다.

　선한 영향력을 주며 함께 살아가는 것이 얼마나 중요한 일인가? 친구가 전한 Good News에 나도 기분 좋게 보낸 하루였다. 그런 훌륭한 아들을 둔 친구가 정말 자랑스러웠다. 우리 아들, 딸, 며느리, 사위들의 직장 문화도 좀 바뀔 수 있으면 좋겠다는 생각과 신나게 일할 수 있는 일터가 되었으면 하는 바람이다.

MVP로 선정되다

'데일 카네기' 강좌는 친구를 얻고 사람을 움직이는 능력을 중요시 하는 교육 프로그램이다. 교육 참가자의 실천 사례를 중심으로 '인간관계론', '스피커&커뮤니케이션' 등의 강좌를 통해 스스로를 발전시켜 나가는 기회가 주어진다. 일종의 트레이닝을 통해 자기의 잘못된 생각, 행동, 방법을 짚어보면서 새로운 방향을 전개해 나가는 자기계발 교육과정이기도 하다.

이 교육의 하이라이트는 교육생들이 각자의 인생에서 무엇으로 인해, 아니면 어떤 계기를 통해 느끼게 된 삶의 철학을 발표하는 시간이다. 각 교육생의 스피치를 들은 후 투표를 통해서 MVP를 선정하는 것이다. 나는 그동안 일을 하면서 때로는 좌절도 하고 사람과의 관계에서 실망과 상처를 받기도 했다. 어떨 때는 무기력에 빠지고 또 일의 무게가 너무 무거워 그만 내려놓고 싶을 때도 많았다.

내 능력의 한계는 여기까지 인가 하며 회의를 느낀적도 무수히 많았다. 그러던 중 나에게 새로운 계기가 되어준 연수가 타이완 국립고궁박물관 방문이었다. 세계 4대 박물관 (영국의 대영박물관, 프랑스 루브르 박물관, 뉴욕의 메트로 폴리탄 박물관) 중 하나인 이 박물관의 대표적인 작품은 옥으로 만든 배추에 여치와 황충이를 조각한 '옥배추'다.

두 번째는 코끼리 상아로 정교하게 조각한 '상아공(상아 투화운룡문투고)'으로 3대에 걸쳐 만들었으며, 구안에 다른 구가 17겹이나 조각되어 있다.

그리고 더 놀라운 것은 어떤 작품은 대추씨 안에 또 조각하고 그 안에 또 겹겹이 조각을 해 눈으로는 볼 수 없고 현미경을 통해서만 볼 수 있다는 것이다.

'인간의 능력은 어디까지일까?' 인간의 무서울 만큼 놀라운 집착력에 입이 다물어지지 않았다. 그 당시 천민들이 자기 자손의 신분 상승을 위해 죽을 힘을 다해 창작해서 만든 불가사의한 작품을 보며 나 자신을 뒤돌아 보게 되었다. 포기하기 보다는 부족함을 채워서 더 열심히 하게 되었다는 것이 나의 주 스피치 내용이었으며, 결과적으로 MVP로 신정되었다.

MVP로 뽑힌 다음 미국 카네기 협회에서 MVP 증명서가 든 액자와 부상으로 카네기 마크가 새겨진 만년필도 함께 보내 왔다.

나 자신에게 박수를…

도시락 5개

지나온 세월을 돌이켜보면 제일 후회되는 것 중 하나는 공부를 열심히 하지 않아 전문직에 종사하지 못한 것이다. 그럼 현재까지 일을 할 수 있으며 경제활동도 병행할 수 있었을텐데. 나머지는 다시 돌아가고 싶지 않다. 누구나 한번 왔다 가는 인생인데 그 과정을 또 겪고 싶은 생각은 없다.

아들과 큰딸은 두 살 차이, 큰딸과 막내딸은 다섯 살 차이다. 그러다 보니 고등학생 2명에 중학생 1명. 하루에 도시락을 5개 싸야 했다. 그 당시 자율학습 때문에 밤늦게까지 학교에 있으니 저녁 도시락도 지참해 가야 했다. 집에 있는 주부도 아니고 회사에서 해야 할 일과 회의 등으로 업무도 많았고, 대구·경북 지역을 맡고 있다 보니 지부에 가서 교육도 해야하고 매일이 일의 연속이었다.

고3 아들과 큰딸이 독서실에서 공부하고 밤늦게 올 때는 꼭 식탁 위에 쪽지와 간식 준비를 해놓고는 먼저 잠자리에 들었다. 남편이 늦게 귀가하는 아이들을 차로 데려오고 내 빈자리를 대신 채워 주었다. 그때 어떻게 해냈는지 나 자신도 생각하면 놀랄 때가 많다. '난 과연 슈퍼우먼이었나?' 하며 다시 살아보겠냐고 물으면 난 결단코 사양한다.

지금이 좋다.
자유로운 내 생활을 즐길 수 있으니까.

딸의 친구는 78세 영국 할머니

본머스로 가는 버스를 타고 가면서 주변에 보이는 풍경이 참 고즈넉했다. 헤이젤 할머니는 우리 친정엄마랑 동갑인데 세대를 뛰어넘어 딸아이와 친구처럼 지낸다는 게 신기하기도 했다. 할머니는 버스 터미널 밖의 의자에 앉아서 우릴 기다리고 계셨다. 아래위의 옷이 핑크핑크 하서서 더 귀여워 보이는 할머니. 서로 인사를 한 후 할머니 차를 타고 집으로 이동했다.

할머니는 아파트 1층에 살고 있었고 집안은 깔끔하게 정리정돈이 잘 되어 있었다. 바깥 정원도 푸른 잔디에 나무와 다양한 꽃들로 예쁘게 가꿔져 있었다. 난 한국에서 미리 준비해 간 선물을 감사의 마음을 담아 드리니 할머니도 받으시고 좋아하셨다. 할머니는 나에게 의자에 앉아 올드팝을 들으며 잉글리쉬 티 한 잔을 마시라고 권하셨다.

우리가 머물렀던 손님방은 싱글 침대가 두 개 있었고 작은 꽃무늬 문양의 침구와 여성스런 데코로 방 분위기가 아기자기했다. 할머니가 저녁으로 손수 차려주신 맛있는 치킨 요리와 샐러드로 식사를 한 후 바닷가로 산책을 나갔다.

바다에 정박 중인 요트와 낭만적인 선셋의 풍경에 "아! 내가 여기에 있다니..."

다음 날 아침 식사를 마치고 할머니가 준비한 일일 코스 여행을 떠났다. 오늘 할머니 패션은 아래위로 올 블루였다. 오래된 성들도 방문하고 할머니가 예약한 100년 넘은 레스토랑에서 익은 야채를 곁들인 훈제오리 요리에다 달콤한 디저트 까지 먹었다. 너무 환대를 해주셔서 감사한 마음으로 뷰가 좋은 호텔 1층 카페에 가서 커피도 마시면서 운전하신 할머니를 좀 쉴 수 있게 해드렸다. 할머니는 딸을 예뻐해 주셨고 착하고 예의 바르다고 칭찬까지 해주시니 너무 감사했다.

헤이젤 할머니는 교사 출신이라서 그런지 배 박물관에 가서도 더 열심히 설명을 해주셨다. 그리고 함께 강에 가서 유람선을 타고 강 주변의 자연적인 풍경을 감상했다. 영국인들의 일상을 함께한 하루였다.

본머스로 돌아와서 할머니에게 감사 편지를 쓴 후 아쉬운 작별 인사를 하고 런던으로 돌아왔다. 평생 잊지 못할 본머스

의 추억을 만들어 주신 헤이젤 할머니! 사랑합니다.

　할머니에게 배운 영어.

　내가 배부르다고 "I'm full." 그 때는 조용히 계셨는데 딸이
"I'm full." 하니까 "Satisfied"로 하는 게 더 고급스러운 영어
란다. 그때부터 우리도 "I'm satisfied"로.

문화 충격

　고교 동기들과 독일, 베네룩스 3국으로 맞춤 여행을 갔다. 벨기에로 가는 도중 온천욕을 즐기기 위해 독일의 바덴바덴 '프레드리히스 바트' 온천을 들리게 되었다. 2천 년의 역사를 지닌 로마 시대의 온천 유적지인 '프레드리히스 바트' 온천은 너무 잘 되어 있었다. 17단계의 아일랜드, 로마식 사우나를 즐길 수 있는 곳으로 지하 2,000m에서 나오는 미네랄 온천수는 물도 매끈매끈해 피로를 푸는데 최고였다.

　친구들의 짓궂은 장난이 발동했다. 대구에서 함께 간 40대 초반 여행사 사장님께 남녀공용 나체 온천욕장에 가보라고 재촉한 것이다. 언제 그런 경험을 해볼수 있겠냐며. 여행사 사장님은 그동안 친구들과 간 유럽지역 맞춤 여행을 도맡아 해와서 동생처럼 편한 사이였다. 쭈뼛쭈뼛하는 사장님에게 다들 가보고 와서 경험담을 이야기해 달라며 등을 떠밀었다. 원래 수줍고 무뚝뚝한 경상도 남자에게 큰 숙제를 주었으니 ~ 갔다 와서 하는 말,

　"나는 불편해서 조심스럽게 행동했는데 외국 여성들은 아무렇지도 않게 앞으로 누워서 수영하고 뒤로 누워서 수영하

더라구요. 너무나 자연스럽게"

'문화 충격'

프랑스 니스 근처 해변에도 나체 해수욕장이 있다고는 들었지만 막상 나체 온천욕장을 아무렇지도 않게 출입하는 모습을 보니 신기하기만 했다.

바덴바덴은 온천욕도 좋았지만 시내 중심가의 거리가 너무 예뻤다. 호텔 1층의 카페마다 가지각색의 꽃들로 꾸며져 있고 양쪽 길가에는 자그마한 나무들에 푸른 식물로 가득 차 있어서 맑은 공기와 싱그러움이 내 마음 마저 들뜨게 했다.

특히 나이 많은 어르신들이 너무 멋쟁이였고 고급 백에다 세련된 악세사리 착용에 발찌까지 하신 모습도 종종 눈에 띄었다. 친구들과 밝은 표정으로 정답게 커피를 마시며 행복해하는 모습을 보니 정말 편안한 노후를 보내는 복 많은 어르신이라는 생각이 들었다. 내가 가본 여행지 중에서 제일 우아하게 삶을 살아가고 있는, 그야말로 노인들의 천국처럼 느껴졌다. 나도 나이 들면 이렇게 살고 싶다는 생각이 들기도 했다.

46

여유 있는 독일인들이 은퇴해서 살고 싶은 도시가 바덴바덴 이란다.

우리에게는 1988년 제24회 올림픽 경기를 개최하기로 결정된 도시이기도 하다.(1981년 9월 30일 밤) 바덴바덴은 잊혀지지 않는, 잊을 수 없는 도시이며 기회가 되면 또 가고픈 곳이기도 하다.

청바지

난 청바지를 즐겨 입는다. 청바지가 주는 느낌이 캐주얼도 하지만 조금은 영한 스타일이고 아직 나이들어 보이고 싶지 않기 때문인지도~

내가 가진 청바지 종류도 다양하다. 짧은 것, 무릎까지 오는 것, 7부, 통이 넓은 것, 통이 좁은 것, 9부, 배기 모양, 약간 찢어진 것, 무늬가 살짝 들어간 것 등 계절에 따라 천의 두께도 색도 다르다 보니 많을 수 밖에.

일단 여행 갈 때도 기본으로 청바지 2벌은 가지고 간다. 젊고 날씬한 여성들은 흰 남방이나 T-셔츠에 받쳐 입어도 이쁘지만 난 핏이 그렇게 나지는 않는다. 그래도 청바지를 즐겨입는 건 더 이상 살찌는 걸 방지 하고픈 마음에서이다.

외국에 나가서 보면 나이 많은 어르신들도 가슴팍이 드러나는 T-셔츠에 청바지를 입고 악세사리에 선글라스로 포인트를 준 모습이 세련되고 멋있어 보이는 건 체형이 날씬한데다 머리 색도 다크 브라운, 브라운, 금발이니 더 잘 어울린다. 나도 좀 날씬해 지고픈 바람이다.

노력해서 나이가 들어도 세련된 스타일과 청바지가 잘 어울리는 멋진 할머니가 되고 싶은 작지만 큰 소망이 있다.

마음이 부자입니다

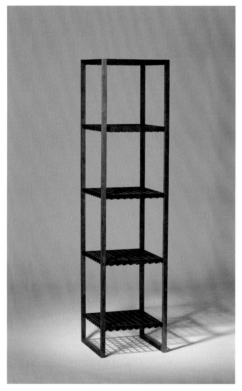

기와 사방탁자
giwa sabangtakja(2017)_choi, joonwoo

감성 여행

일상에 지친 언니에게 힐링시간을 만들어 주고 싶다던 막내딸의 발상으로 시작된 세모녀 여행. 우리 여행의 컨셉은 '감성 여행'이었다.

나와 큰딸은 대구에서 강릉으로, 막내딸은 태백에서 강릉으로. 우리의 여행은 강릉의 찻집에서 만나 보이차를 마시며 긴 이동시간으로 인한 피로를 달래면서부터 시작됐다. 막내딸이 가이드 겸 운전기사 역할을 담당했다.

첫째 날은 양양에서 1박을 한 후 다음날 오후 아야진 해변을 마주 보는 펜션에서 대부분의 시간을 보냈다. 바다 보고 멍 때리기, 감성 충만한 음악 듣기, 찻자리, 맛있는 음식, 프레쉬한 커피와 건강빵, 과일, 속초 문우당 서림에 들러 구입한 책을 보며 딸들과 쉴새없는 담소를 이어 나갔다.

밤새도록 철썩거리는 파도 소리도 노랫소리 처럼 들리고 자연의 품속에서 느낄 수 있는 편안한 마음과 행복감은 우리 모두에게 오랜만에 느껴보는 힐링이었다. 큰딸도 마음의 안식에 눈물을 보여서 우리도 함께 해피한 눈물을~

나 역시 이번 여행을 통해 다시 한번 새로운 생각으로 나를
일깨우는 계기가 되었다.

The Having을 읽고 나서

2020년 베스트셀러 중 'The Having'이라는 책이 있다. 'The Having'은 자기계발서로 귀인을 중요시 하라는 메시지를 담고 있다. 자신을 소홀히 대하지 말고 소중히 여기며 주어진 삶에 행복감과 감사함을 느껴야만 점점 좋은 일들과 감사한 일들이 생긴다는 것이 주 내용 이었다.

그래, 나도 나를 먼저 우선시하고 살아보자는 마음으로 나를 위해 25,000원짜리 도가니탕도 사먹고, 35,000원 짜리 갈치를 사서 온전히 나를 위해 구워 먹었다. 나만을 위한 사치를 하니 내심 뿌듯하고 기분까지 좋아졌다. 그런데 시간이 점점 지나고 나니 다시 예전의 나로 되돌아 간다. 20,000원어치 추어탕을 사면서 딸과 함께 몇 끼를 먹을 수 있는지 생각하고 갈치를 사서 중간을 길게 토막을 내어 외손주들 구워주고 난 머리와 꽁지 쪽만~ 아무리 자신을 우선시 하라지만 내 릿사랑 앞에선 어쩔 수 없나 보다. 나이가 들어서인지 아침에 만날 때는 굿모닝 뽀뽀로, 저녁에 헤어질 때는 굿바이 뽀뽀로 기쁘게 해주는 손자들의 애교가 더 좋다. 그냥 이걸로 만족할 수 밖에.

인생에는 정답이 없다

　나는 대학 졸업한 해에 결혼해서 우리 엄마는 49살에 외손주를 보게 되었다. 할머니 소리를 빨리 듣게 해서 조금은 미안한 마음도~

　지금 내 나이가 71세인데 친손녀가 16살이며 외손자들이 13세, 10세이다. 근데 바로 밑의 여동생은 나이가 66세인데 올해 초 외손주를 보게 되어 이제 할머니 소리를 듣게 되었다. 질녀 부부가 결혼 10년 만에 득남을 해서 정말 감사하고 축복할 일이다.

　우리 외손자들도 이제 외사촌 동생이 처음으로 생겼다며 신이 났다. "할머니, 아기 몸무게는? 키는?"하면서 질문 공세를 펼친다. 한편으론 동생이 무릎 관절이 좋지 않아 외손주 케어가 쉽지 만은 않을 것이기에 걱정도 되었다. 올케의 나이도 동생과 동갑인 66세이다. 올케도 40살을 넘긴 딸, 아들이 현재 동경에서 직장생활을 하며 따로 살고 있다.

　결혼을 할 것인지? 아니면 혼자서 그냥 살 것인지? 올케는 자녀들이 해외에서 살고 있어서 인지 결혼도 자기들의 몫이라고 말한다. 어쩌면 반은 포기상태로 아니면 조금은 기대를 하고 있는 건지?

요즘은 각자의 방식대로 살아가는 게 대세이다.
그래서 인생에는 정답이 없다고 생각한다.

마음의 안식처

내 마음의 안식처는 가야산 백운동 길목에 위치한 '명선 찻집'이다. 1990년 초부터 들렀으니 벌써 30년이 되었다. 그때는 조그만 초가집에서 차 종류를 파는 곳 이었다. 그 후, 보이차 전문찻집으로 운영하다가 다시 새로 지어 지금의 '명선'으로 새 단장을 했다.

찻집 주인인 순이씨는 처음 만났을 땐 미스였는데 지금은 20대 딸을 둔 엄마다. 순이씨와 순이씨 남편이 사는 모습을 보면 참 보기가 좋다. 남편분은 보이차 전문가이고 중국어 구사도 능통하다. 중국, 대만 쪽의 차 산지도 많이 다니고 차에 관해서는 두루두루 해박한 지식을 가지고 있다.

순이씨 부부는 차 관련 일에 종사하다 보니 나이와 상관없이 오래 일할 수 있어 정년에 대한 걱정이 없는 것 같다. 일찍 출근해야 할 부담감도 늦게 퇴근할 일도 없고 사람에게 간섭받을 일도 좀처럼 없으니 삶이 좀 더 자유로워 보였다. 보이차는 어떤 투자보다도 투자 가치도 높고, 거기에다 청정한 지역에 늘 자연을 옆에 두고 사시니 얼마나 행복한 삶을 살고 계신가. 예전에 직장을 다닐 때도 월말이면 두 분의 처장

향전 티하우스

님과 '명선' 에 가서 머리도 식히고 또 새로운 아이디어를 얻어 오곤 했다.

차를 마시면서 차에 관한 이야기나 세상 돌아가는 다양한 대화를 나누다 보면 시간이 금방 지나간다. 난 사람과의 만남과 인연을 소중하게 생각하는 편이다. 많은 사람을 사귀는 것보다 알고 지낸 인연을 귀하게 여기고 함께 오래하고 싶은 마음이기 때문이다. 힘들고 스트레스를 받을 땐 기도하며 마음을 편하게 할 때도 많지만 어떨 때는 훌쩍 떠나서 차를 마시면서 힐링 하기도 한다.

'명선'은 내 마음의 안식처이다. 한동안 코로나로 인해 발길이 뜸할 때에도 전화로 안부를 묻곤 한다. 다시 옛날처럼 자주 가서 그윽한 차향을 느낄 수 있는 날이 오기를~

오늘도 난 나만의 찻자리를 가진다.

갑자기 흐르는 눈물

'철없이 좋았던 그 시절 그래도 함께여서 좋았어' 노래 '친구' 가사를 듣는 순간 이 세상에 없는 어릴 적 친구 명숙이가 생각나서 눈물이 왈칵 쏟아졌다.

나의 고향은 경상북도 문경시 가은읍 왕능리다. 난 4살때까지 엄마와 시골에서 생활하다가 대구에서 혼자 직장생활하시던 아버지와 함께 살기 위해 대구로 이사했다. 초등학교 입학한 후 매년 여름방학이면 가은에 있는 친할머니 집으로 가곤 했다. 그때는 대구역에서 가은까지 가는 완행열차를 타고갔다. 그때 할머니의 동네 단짝 친구 할머니의 손녀가 명숙이었다.

처음 만날 때는 조금 서먹서먹했지만 서로의 집을 오가다가 함께 논밭으로 메뚜기를 잡으러 다니고 물속에 몸을 풍덩 담그며 다슬기도 줍고, 햇볕이 쨍쨍 내리쬐는 한낮에 토마토를 따먹으며 웃기도 했다. 또 이슬에 젖은 수풀에서 떨어진 밤을 줍던 기억들. 아무 걱정 없이 마냥 즐겁기만 했던 순수했던 우리들. 그런 친구가 이 세상에 없다니 그립고 보고싶다. 한동안 '친구' 노래를 듣고 또 들었다.

미래 준비

난 자식들에게 미래를 위해 무조건 아끼는 것만이 최선이 아니라고 이야기한다. 현재를 즐기는 방법을 찾아서 지금 이 순간도 만족하면서 살아가고, 또 미래를 위한 준비도 소홀히 하지 않는 것이 중요하다. 옛말에 '개처럼 벌어서 정승처럼 쓰라'는 말도 있지만 시대가 변하면서 삶을 준비하는 자세 또한 바뀌는 법이다.

오래전에 TV에서 본 미국 재무장관이 '국가를 믿지 말고 본인을 믿어라'는 말이 가슴에 와닿는다. 각자 스스로의 준비를 철저히 하라는 것이다. 지금은 '백세시대'라고 하지만 그냥 오래 사는 삶은 무의미하다. 준비된 노후의 삶이 정말 중요하기 때문이다. 나이가 들면 노화로 인해 건강상의 문제도 생기고 심리적으로도 위축된다. 거기에다 경제적 여력마저 어렵다면 삶의 질은 당연히 떨어질 수밖에 없다.

생각보다 시간은 빠르게 지나간다. 2001년산 보이 생차는 지금 발효가 잘되어서 차 맛도 좋을뿐만 아니라 차 향도 수준급이다. 그 당시 차를 구입하면서 '과연 이 차를 내가 마실 수나 있을까' 싶었다. 내가 못 마시더라도 우리 애들이 마실 수 있다는 생각으로 사서 잘 보관해 둔 것이다.

차 한모금을 머금으며 생각해 본다. '지금 난 어떤 노후를 맞고 있는 걸까? 충분히 준비된 노후는 아니지만 그렇다고 생계를 걱정하는 어려움은 없으니 만족해야 하나?'

물론 아쉬움이 없다면 거짓말일 거다. 누구나 지난 살아온 세월에, 지난날 고생했던 날들에 보상받고 싶은 마음은 클테니 말이다. 하지만 현재의 내 모습도 과거 하루하루 치열했던 삶이 있었기에 가능한 일이거늘, 지금은 그저 감사한 마음이 든다.

소소한 행복을 느끼며 남은 여생을 살고 싶다. 더 나이가 들어도 동네 카페에 가서 혼자 커피 한잔 할 수 있는 여유와 음악을 들으며 책을 읽을 수 있는 느긋함을, 가끔은 나를 위한 꽃을 사서 집안에 두고 싶다.

정이 넘치는 국밥 한 그릇

　나는 태백에도 단골집이 서너 군데 있다. 그 중에서도 시장 안에 있는 돼지국밥집의 국밥은 내가 먹어본 국밥 중에 내 입맛에는 단연코 최고의 맛이다. 막내딸은 태백 현지인들만 아는 맛집이라며 나를 데려갔다. 김이 모락모락 나는 국밥에 금방 섞어 버무린 겉절이 김치는 언제나 환상의 궁합이었다. 거기다 넘치는 정도 한 숟갈 넣어서~

　어떨 때는 전라도에서 공수해 온 싱싱한 갓으로 담은 갓김치를 수북이 담아 주시는데 그 맛을 잊을 수가 없다. 가끔씩 들리지만 먼 곳에서 딸 집에 왔다며 더 정답게 맞아 주신다. 대구는 더우니까 여기서 더 지내다 가라며. 국밥집 사장님을 뵐때면 평생 해온 일에 대한 자부심이 느껴진다. 70대 중반의 나이에도 가끔씩 절친 세명과 가게 문 닫고 택시 대절해서 여행 다니는 낙에 살맛 나신단다. 네 분 모두 각자의 일을 가지고 계시고 한 번씩 바람 쐬고 싶을 땐 돈도 아끼지 않고 쓰는 즐거움도 아신다.

　건강만 허락한다면 나이가 들어도 본인의 일터가 있는건 축복이라고 생각한다. 경제적 독립도 할 수 있으니 말이다.

갈 때마다 자꾸 덤으로 챙겨주셔서 예쁜 꽃무늬의 실크 스카프를 선물해 드렸다. 작은 선물이지만 너무 좋아하시는 모습에 나도 덩달아 기분이 좋아졌다.

대구에 있으면 가끔 생각나는 그 맛. 막 꺼낸 수육과 뜨거운 국밥~

내 입엔 벌써 침이 고인다.

차분한 결혼식

여동생 아들이 교토에서 결혼식을 하게 되어 막내 여동생과 함께 결혼식에 참석하게 되었다. 조카는 고려대를 졸업하고 동경대학원에서 생명공학 박사과정을 수료한 후 교토대학에서 근무하게 되었다. 워낙 성실하고 배려심도 많아서 친정 엄마가 살아계셨을 때 늘 칭찬을 많이 한 조카다. 조카는 직장 때문에 동경에서 교토로 옮기다 보니 교토에 있는 한인교회로 나가게 되었다. 미래의 장인어른이 되실 장로님이 조카를 눈여겨 보다가 캐나다 밴쿠버 SF대학을 졸업한 후 교토로 돌아온 막내딸을 소개시켜 주셨다. 그 후 두 사람은 교제를 좀 하다가 결혼에 골인하게 되었다.

결혼하기 전, 조카는 신부를 데리고 친가 쪽, 외가 쪽 친척들에게 인사를 드리기 위해 대구에 왔고 그때 우리 집에서도 며칠 머물다 갔다. 결혼식은 교회에서 진행 되었는데 미리 참석자들의 명단을 받아서 각 테이블 위에 참석자 네임 카드가 놓여 있었고, 목사님의 기도와 대학원 스승님의 축사, 그리고 현 교토대학 교수님의 축사로 이어졌다.

하객 선물도 정성스럽게 준비해서 참석하신 분들께 신랑,

신부가 일일이 감사의 인사를 하면서 드렸다.

　한국의 결혼식과 너무나 대조되는 모습이었다. 유명 호텔 식장에서 화려하고 거창하게 하는 결혼식보다 조용하고 차분한 분위기 속에 소박하면서도 우아함이 돋보인 결혼식이었다.

　조카댁은 결혼 후 캐나다 밴쿠버 SF대학원에서 석사과정을 마치고 작년에 일본으로 돌아와 신혼살림을 시작하고 있다. 간소하게 준비해서 새 살림을 시작하는 모습이 대견스럽다.

　아직 주위에 보면 겉치레를 중시한 예식이나 혼수문제로 다툼이 나는 경우를 종종 볼 수 있다. 그래서인지 조카커플이 더 사랑스러워 보인다. 지금처럼 사랑과 믿음으로 잘 걸어 나가길 바란다.

마음이 부자다

내 10대의 취미는 우표 모으기

내 20대의 취미는 머리핀, 손수건 모으기

내 30대의 취미는 골동품, 수석 모으기

직장을 다니기 시작한 후에는 '독서'로 바뀌었다가 한동안은 각국의 여행지에서 '종'을 취미삼아 구입해 600개 정도를 모은 적도 있다. 이젠 여행에 빠져 중독 아닌 중독이 되었다.

나는 여행 가기 전 미리 찾아서 나름대로 공부도 하고 가서 경험한 것들을 기록하고 또 돌아와서는 겪은 일과 느낌을 요약 정리도 한다. 그러다 보니 함께 여행을 갔던 친구들도 기억에 나지 않는 것이 있으면 꼭 나에게 물어본다.

살면서 간혹 명품백이나 비싼 옷을 구매할 때도 있지만 물건의 만족감은 보통 일주일 이상 가지 않고 시간이 지나면 시들해 지기 마련이다. 하지만 여행이 주는 기쁨과 행복감은 내가 살아있을 때까지 영원히 간직할 수 있는 가치 있는 일이라고 생각한다. 투자의 가치로는 최고라고 생각하는 건 나만의 생각일 수도...

요즈음은 TV 채널도 다양하고 여행 프로그램도 많은데다 재방에 또 재방을 한다. 내가 다녀온 곳은 다시 봐도 좋기도 할뿐더러 내가 놓친 내용까지 알게 되니 지식이 업그레이드 된다. 여행은 가기 전에 설레고 기대하는 마음에 가서 보고, 느끼고, 경험했던 그 모든 것들이 돌아와서는 추억으로 내 마음속에 저장된다. 그래서 난 마음이 부자다. 마음속에 저축을 많이 했기 때문에 써도 써도 내 마음의 잔고는 넘쳐난다.

나이가 들었지만 혼자서도 잘 논다. 아니 잘 놀려고 노력한다. 코로나로 인해 동네 단골 카페에 가서 카페라떼를 마시는 즐거움은 줄었지만 대신 집에서 원두 콩을 갈아 핸드드립으로 여러 산지의 커피 맛을 느끼는 새로운 취미가 생겼다. 거기다가 여행지에서 사온 커피잔에 추억까지 마시니 커피 맛도 더 좋게 느껴지며 다크 초코렛과 함께 마시면 약간의 쓴 맛에다 달콤함까지 가미된다.

걷는 즐거움

4년 전, 나이 들면 순발력도 떨어지고 고령 운전자의 교통 사고가 증가했다며 엄마도 운전을 하지 않는게 어떠시냐고 큰 딸이 묻길래 원래 운전을 즐기는 스타일도 아니고 해서 그게 좋겠다며 그 후로 운전을 하지 않았다.

내가 제일 좋아하는 운동은 오로지 걷는 것 뿐이다. 중고등 학교 다닐 때도 체육 시간을 별로 좋아하지 않았다. 중학교 체육시간에 뜀틀을 넘어야 하는데 뛰어가서는 뜀틀앞에 나도 모르게 멈춰서곤 해서 체육 선생님에게 호되게 꾸지람을 듣곤 했다. 고등학교 체육 시간에 팀을 나누어서 학급 반대항으로 터치볼 경기를 하면 제일 먼저 볼을 맞고 퇴장한다. 끝까지 갈 자신도 없으며 상대가 강하게 볼을 치는 게 무섭기도 해서이다. 또 일할 때는 골프를 배우라고 해서 할 수 없이 배우니 재미도 없을 뿐더러 실력도 늘지 않았다.

그러나 걷는 것만은 한결같이 한다. 내가 사는 아파트 10 바퀴를 돌면 1시간쯤 걸린다. 똑같은 코스로 걸으면 싫증 날때가 있다. 그럴 때는 목적을 정해서 걷는다. 친구 만나러 갈때, 은행 볼일 보러 갈 때, 시장에 장 보러 갈 때, 백화점 갈 때

등등. 일부러 대중교통을 타지 않고 걷다 보면 이 생각 저 생각도 하게 되고 주변을 둘러보며 가는 소소한 재미도 있다.

집 안에서만 머무르면 신체기능이 점점 약해진다. 매일 꾸준한 운동이 비타민D 섭취에도 좋고 삶의 활력소가 될 뿐만 아니라 정신건강에도 도움이 된다.

그래서 난 오늘도 걷는다.

장학금

2005년 아이들이 결혼하기 전에 무언가를 해두어야 겠다는 생각을 하던 중, 가족 장학금을 만들어야 겠다는 아이디어가 번쩍 떠올랐다. 결혼해서 미래에 태어날 손자, 손녀를 위한 조그마한 준비를 해보자며, 우리 가족이 다 모였을 때 그 취지를 아들, 딸들에게 설명하니 모두 좋다고 했다. 매월 1인당 10,000원씩으로 출발해서 결혼해 새 식구가 들어오면 10,000원씩, 또 아이가 태어나면 개인당 10,000원 씩으로 하자고 했다.

우리가 미리 이렇게 정해두면 새 식구들이 들어와도 그냥 자연스럽게 따라온다며 그날부터 우리 식구는 매달 40,000원씩을 모으기 시작했다. 내 마음속의 목표는 일억 원이 되면 좋겠다는 생각이었고, 손자, 손녀들이 중고등학교, 대학교 입학할때에 따라 차등으로 지급하자는 나름의 법칙도 정했다.

모두 결혼을 하고 몇 년이 지난 후 어느 날 며느리가 '어머님! 각 가정마다 지금 금액에서 매월 30,000원을 더 내서 모은 후 가족 여행을 가면 어떻겠냐'고 의견을 제시했다. 모두들 좋은 생각이라며 찬성을 했다.

72

그럼, 각 가정마다 매월 70,000원씩으로 똑같이 하자고 해서 매월 280,000원씩을 3년짜리 천만 원 적금으로 월 납입하는 중이다. 벌써 만기 해서 탄 5년짜리, 3년짜리의 적금은 며느리가 맡아서 정기예금으로 넣어두고 또 만기가 되면 며느리 통장으로 보내 줄 것이다. 시작이 반이라고 벌써 반 이상을 모았다.

지금 친손녀는 싱가포르에 있는 국제학교에 다니고 있다. 본인의 선택으로 가서 잘 하고 있는 게 대견하기도 하고 가족 모두 코로나가 끝나면 손녀를 보러 갈 생각이다.

가족 간에는 마음이 맞아야 모여도 기분이 좋고 만나서 보내는 시간의 행복감도 크다. 그리고 또 보고 싶은 마음이 생긴다. 손자, 손녀에게 의미있는 장학금을 만들어 주게 되어 생각만 해도 흐뭇하다.

그리운 엄마

엄마가 돌아가신 지도 어언 10년이 되었다. 우리 엄마는 배움은 부족하셨지만 부지런하시고 생활의 지혜도, 주변 분들과의 인간관계도 참 잘하셨다. 그런 엄마의 모습을 보고 자란 영향인지 우리 집에 손님이 오시는 걸 좋아했고 큰 고모가 대구시장에 고사리 팔러 시골에서 오시면 가지 말라고 신발을 감추곤 했다.

막내인 아버지는 큰형이 일찍 돌아가셔서 조카 5명의 아버지 노릇까지 하셨는데 젊은 시절 대봉동 단칸방에 살면서도 고등학생인 넷째 조카를 삼 년 동안 데리고 있었단다. 엄마의 배려심이 없었다면 과연 그렇게 할 수 있었을까? 아버지가 지병으로 돌아가셨을 땐 나만 결혼을 해서 1남 1녀가 있었고 나머지 동생들은 결혼 전이었다.

엄마는 우리에게 짐이 되지 않으시려고 매일 열심히 걷는 운동에다 집안에서도 목 운동, 팔다리 운동을 아침, 저녁으로 꼭 하셨고 불교방송도 보시며 경전을 읽으시고 늘 기도를 하셨다. 바로 아래 여동생이 운전을 택시 기사처럼 잘해 엄마와 함께 여러 곳을 다니면서 좋은 추억도 많이 만들었다.

나이가 드시니 "어쩌 죽을꼬, 안 아프고 자는 잠에 가면 좋겠다."라는 말씀을 자주 하셨다. 내가 장녀이다 보니 매일 저녁 8시~8시 반 사이엔 늘 엄마와 통화하는 것이 빠질 수 없는 하루의 일과였다.

그날 밤에 전화하니 계속 통화 중이었다. 올케랑 통화 하는가 보다 하고 나는 아무 의심없이 잠들었다. 다음 날 저녁에 전화하니 또 통화 중이었다. '전화기가 고장 났나?' 밤에 잠자리에 들면서 내일 아침에는 가서 확인해 봐야겠다고 생각했다.

꿈인지 생시인지 찬 바람이 내 방으로 확 들어오는 느낌이 들어 깜짝 놀라 깨어났다. 순간 불길한 생각이 스쳐 지나갔다. 이른 아침에 동생에게 전화해서 엄마 집 열쇠를 달라고 하니 여동생도 같이 가보겠다고 해 함께 차를 타고 갔다. 동생이 먼저 내리고 난 주차를 하고 있는데 "엄마! 엄마!" 하며 외치는 동생의 비명을 듣는 순간, 가슴이 철렁 내려 앉았다. 그렇게 엄마는 엄마의 바람대로 잠자듯이 떠나셨다.

자식을 위해 모든 걸 내어 주셨던 우리 엄마. 그 시절, 딸을 대학까지 보낸다고 친척들의 눈총도 받았지만 엄마는 엄마의 소신대로 하셨다.

엄마가 우리 엄마라서 정말 감사하고 또 감사합니다.
엄마는 85년의 삶을 끝내시고 조용히 떠나셨다.

가끔 생각나는 그녀들

주중에는 외손자들을 돌봐야 해서 한번씩 주말을 이용해서 친구와 둘이서 때때로는 혼자 여행을 다닌다. 요즘은 일일 투어 상품이 많아 검색만 잘해 선택하면 운전하지 않고 이른 새벽 출발지에서 만나 일일 여행을 할 수 있으니 나에겐 딱 맞는 상품이었다.

그날의 행선지는 대구를 출발해 통영을 거쳐 남해 예술촌, 독일마을, 그리고 다랭이 마을을 둘러보는 것이었다. 버스에 올라 빈자리에 혼자 앉아서 보니 통로 옆 좌석엔 친구사이로 보이는 두명의 여성이 앉아 있었다. 서로 눈인사를 하고 그들 중 한 명이 나에게 "혼자 오셨어요?"라고 묻는다. "네, 오늘은 시간 맞는 친구가 없어서 혼자 왔어요."

얼추 점심시간에 맞추어 통영에 도착하니 가이드가 "지금부터는 자유시간입니다. 각자 알아서 맛있는 점심 드시고 한 시까지 이 자리로 오시면 됩니다." 안내 멘트를 했다. 차에서 내린 다음 비린내가 물씬 풍기는 항구 쪽 바다와 정착 중인 어선들을 보며 점심은 어디서 먹을지 고민하고 있는데 골목에서 할아버지 한 분이 내려오신다.

"안녕하세요?"라고 인사를 드린 뒤 "제가 오늘 여기 처음 와서 식당을 잘 모르는데 혹시 맛집이 어딘지 좀 알려주세요."라고 묻는데 갑자기 등 뒤에서 "헉, 헉" 가쁜 숨을 몰아쉬는 소리가 들려 뒤돌아 보니 버스 통로 옆쪽에 앉은 그녀들이었다.

"와우! 걸음이 진짜 빠르시네요."하면서 자기들이 검색한 맛집이 어딘지 안다며 함께 동행하자고 했다. 그 말을 듣는 순간 혼자 온 나를 배려해서 여기까지 쫓아온 마음씨에 고맙고 감사한 마음이 들었다. 그녀들을 따라 들어간 식당은 멸치 무침회로 소문난 맛집이었다. 막걸리에 담구어 비린내를 없애고 야채와 함께 버무린 생멸치 무침회는 난생 처음 먹어본 음식이지만 너무 맛있었다. 거기에다 맥주도 살짝 곁들여서~ 이런 맛이 별미중의 별미구나 생각했다. 식당 안 벽에는 온통 맛있게 먹고 간다는 글로 도배를 해놓았다. 점심값은 엔분의 일로 나누어 계산했지만 고마운 그녀들에게 카페에 함께 가서 커피는 내가~ 나이가 들면 지갑을 열어야 한다는 말이 있듯이~

여행지에서 겪은 따뜻함이 한 번씩 생각난다. 엄마뻘 되는 나에게 그렇게 호의를 베푸는 것이 쉽지 않았을 텐데. 그녀들을 생각하면 마음이 훈훈해진다. 늘 건강하고 행복하길 염원해본다. 마음씨 고운 그녀들~ 짱이야!

새로운 삶을 시작하다

2003년 7월 말 20여년을 다닌 회사를 퇴직하고 나니 마음이 텅 빈 것 같고 공허한 생각이 들면서 눈물이 앞을 가렸다. '앞으로 어떻게 보내야할지?' 그 당시 큰딸은 국제대학원을 다니고 있었는데 하계방학을 맞아 학교에서 연결해 준 해외 인턴십으로 한 달 반의 일정으로 런던으로 가게 되었다.

어느 날 싸이월드에 들어가 보니 큰 딸이 호수 풍경을 배경으로 푸른 초원 위에서 두 팔을 벌리고 활짝 웃고 있었다. 그 순간 답답한 이곳에서 벗어나 영국으로 떠나보자는 생각이 들었다. 교육쪽의 일을 하면서 영국의 많은 지도자를 배출한 이튼스쿨과 캠브리지, 옥스퍼드 등 명문대학도 방문해 보고 싶었고 특히 에딘버러를 가보고 싶다는 생각을 늘 해왔었다. 갑자기 떠나야 겠다는 마음이 솟구쳐 올랐다. 내 마음을 딸에게 전했더니 인턴십 끝나기 하루 전에 도착하면 된다며 딸도 좋아했다.

그 날부터 생활의 활기가 돌기 시작했다. 먼저 비행기 티켓은 항공 마일리지를 사용해 비지니스 좌석으로 예매한 다음 차근차근 여행 준비를 했다. 런던으로 가는 비행기 안에서

책도 읽고, 그 동안의 마음 고생과 또 앞으로 어떻게 살아가야 할지 글로 써내려 가다 보니 시간이 금새 지나갔다. 히드로공항에 도착해서 딸의 얼굴을 보니 눈물이 핑 돌면서 무척 반가웠다. 딸이 서울에서 생활하다 보니 못 본 지가 몇 달 되었는데 이렇게 런던에서 만날 줄이야.

딸의 숙소로 가기 위해 지하철을 타러 갔는데 런던 지하철은 노선도 복잡하고 사람들로 엄청 붐볐다. 지하철역에서 내려 딸이 숙소로 이용중인 한인 민박집으로 가는 길에 큰 슈퍼마켓이 눈에 띄었다. 얼른 내 머릿속에 지도를 그리면서 민박집으로 갔다.

이튿날 딸은 마지막 인턴십 출근을 하면서 "엄마, 내가 오늘 오후 4시쯤 돌아오니까 그냥 푹 쉬고 있으세요." 당부의 말을 하고는 출근했다. 작은 방 안에만 있으니 조금 답답한 마음에 어제 본 대형 마켓에 가서 과일과 물도 좀 사고 바깥 바람도 쐴 겸 나가보기로 했다. 입구에서 장바구니를 들고 들어가니 왼쪽 코너 쪽이 옷가게 였다.

시간 여유도 있어서 그쪽으로 가서 구경하고 있는데 흑인 중년여성이 웃으시며 나한테 와선, 이 옷 자기한테 어울리냐고 묻는다. 한국의 중년 여성들과 비슷한 느낌이랄까? 초면이지만 스스럼없이 와서 대화하는 게. "정말 잘 어울리네요" 응수를 해주니 또 "이 동네 사느냐?" "아니요. 난 한국에서 어젯밤에 이곳에 도착했어요." 그렇게 몇 마디 더 주고 받은 후 헤어졌다.

나는 아침에 꼭 사과를 먹는 습관이 있어서 과일 코너에 가서 사과와 자두 그리고 물 몇 병을 사서 돌아왔다. 퇴근한 딸이 "역시 엄마는 행동파야!"라며 웃는다. 저녁 식사 후 앉아서 이런저런 이야기를 하던 중 딸이 헤이젤 할머니 이야기를 했다. 헤이젤은 딸이 대학생일때 영국 본머스로 어학연수를 가서 처음 만났으며, 친구처럼 지내는 할머니인데 이번에 딸과 나를 할머니 집에 초대했다는 거였다.

딸은 헤이젤 할머니가 한국을 방문하셨을때 만나뵙기도 하고 계속 편지도 주고 받았다고 한다. 이번에 나까지 초대해 주시니 정말 감사했고 색다른 경험에 대한 기대도 커졌다.

딸과 78세 할머니, 한국에서는 친구가 불가한 나이인데 열린 마음으로 딸을 대하는 할머니가 진짜 멋쟁이시다.

세월이 흐르고 돌이켜 봐도 딸과 보낸 영국에서의 시간이 참 기억에 남는다. 어떻게 살아야 할지 모를 막막함으로 하루하루 버티고 있을때 영국 여행은 사막의 오아시스 같았다.

헤이젤 할머니와의 만남, 에딘버러 기차 여행, 캠퍼스에서 공부하는 옥스퍼드 대학생들의 모습... 낯선 환경에서 마주한 새로움과 설레임은 내게 다시 도전할 수 있는 자신감을 되찾을 수 있도록 해주었다.

'이 나이에 퇴직이 뭐 대수냐!
또 제2의 삶을 살면 되지!'

욜로족(YOLO)

You Only Live Once

현재 자신의 행복을 가장 중요시 하고 사고 싶은 건 소비하는 태도다. 그러다 보니 미래를 위해 현재를 희생하기 보다 현재를 즐기려는 사람들이 증가하면서 생긴 신조어 이기도 하다.

한번 사는 인생 마음껏 즐겨라!

나 역시 주어지는 시간에 즐기기 위해 여러 나라를 여행했으니 나도 욜로족에 해당되는 걸까? 나는 내 나름의 '욜로'를 즐기려고 노력한다. 사실 어떨 땐 '욜로'만을 추구하는 젊은 이들을 보면 위태로워 보일 때가 있다.

꼰대라고 치부한다면 어쩔수 없지만 인생이라는 기나긴 여정을 살아온 나로서는 현재의 눈앞에서 쉽게 얻을 수 있는 즐거움과 행복 못지않게 다양한 경험과 도전을 통해 얻을 수 있는 소위 '힘들게 얻어지는' 행복과 즐거움이 주는 벅찬 감동의 맛을 알기 때문이리라.

현재의 행복, 즐거움을 쫓아가되 스스로 '더 좋은 나'로

성장할 수 있도록 이끌어 가는, 인생을 멀리 볼 수 있는 혜안
도 잃지 않으며 즐기길 바란다.

  그래도 현재를 즐기자는 말에는 이견이 없다.
'어제는 역사, 내일은 미스테리, 현재 이 순간이 선물이다'
라는 말이 있듯이.

변화를 받아들이다

기와 이클립스램프
giwa eclipse(2021)_choi, joonwoo

융통성

    친구 경희와 함께 떠난 북유럽은 수많은 호수, 깨끗한 청정수 같은 강과 시냇물의 자연 풍광이 인상적인 곳이었다.

    이른 아침 상쾌한 공기를 마시며 가벼운 산책을 하고, 저녁에는 주변을 거닐며 마켓에 들러 체리를 사먹기도 했다. 길옆 나무 의자에 앉아 아이스크림을 먹으면서 오가는 동네 사람 구경도 하고, 펍에 들러 생맥주 한잔 하면서 피로를 풀던 그때의 순간은 잊을 수 없는 추억으로 남아있다. 밤 12시에도 어스름할 뿐 백야가 있는 시기여서 테라스에 앉아 밤 공기와 함께 마시던 보이차의 차향도 그윽했다.

    노르웨이의 작고 예쁜 마을인 '게일로'에서 1박을 하게 되어 그날도 우리는 마을 곳곳을 산책하다 카페가 보여 안으로 들어갔다. 카페 벽은 자연석의 동글동글한 돌로 장식되어 있어 분위기가 색달랐다. 예쁜 아가씨 점원이 맛있게 준비해 준 카푸치노를 마시면서 기분이 업 되었다.

    예쁜 점원 아가씨가 다가와 웃으면서
"문 닫을 시간이 되었어요.""네, 그럼 카드로 계산할게요."

카드를 건네니 "지금 시간은 연결이 안되거든요."
난 당황해서 "그럼 파운드로 계산할께요."
"파운드는 안돼요." "그럼 US 달러로 할까요?"
"US 달러도 안돼요. 저 건너편에 가면 ATM기 있으니
노르웨이 돈으로 바꿔오세요." 한다. 난 오늘 저녁에 여기 도
착했고 ATM기로 현금을 찾는 방법을 모른다고 이야기하니
"그냥 가세요~"이런다.

미안하다고 몇 번이나 말하면서도 속으로 든 생각이
'너무 순수해서 그런가? 맹하고 융통성은 정말 없는 아가씨
네!' 나 같으면 파운드나 US달러로 받을 건데.. 참.. 참.. 참!

가슴 아픈 이별

 8월의 어느 날, 남편이 갑자기 컨디션이 좋지 않다고 눕더니만 어슬어슬 몸이 춥고, 열도 나고 해서 늘 다니던 동네 내과로 진료를 받으러 갔다. 내과 선생님이 진찰한 후 소견서를 써주시면서 대학병원으로 가보라고 하셨다. 영남대 병원 내과에서 검진을 받은 결과 남편의 병명은 간경화였다. 술도 담배도 많이 하지 않았는데 간경화라니? 담당 의사는 경동맥색전술을 권하셨다.

 입원해서 수술 날짜를 기다리고 있었는데 수술받기 전날밤 남편이 수술을 안받고 싶다고 했다. 같은 병실을 이용하는 환자가 경동맥색전술 수술을 받고 수술 부위에 모래 주머니를 올리고 있었는데 힘들다며 끙끙 앓는 모습에 받고 싶은 생각이 없다며 단호하게 말한다. 여러번 설득해 보아도 남편의 생각은 바뀌지 않았다. 평소에 불교 서적을 많이 읽고 생사의 이치를 많이 이야기 해온 남편이기에 나도 더 이상 어쩔 수가 없었다. 그렇게 퇴원해서 식이요법을 하며 지내다가 남편의 건강이 악화되어 재입원을 하게 되었다. 회사에는 함께 일하는 두 분의 처장님들에게만 이 사실을 알리고 친구들에게도, 주변의 다른 사람들에게도 일절 말하지 않았다.

2002년 3월 제주 신라호텔에서 전국 지부장 행사가 있었다. 참석해야 할지 말지 고민이었다. 할 수 없이 본사에 전화해서 현재 사정을 설명하니 "사업단 소속 지부장들에게는 본부장님이 어머니 같은 분인데 참석하셔야 하지 않겠습니까?"라며 조심스럽게 말해주었다.

그래, 사적인 일로 공적인 큰 행사에 빠질 수 없다는 생각에 결국 참석해서 2박 3일의 일정을 마무리 했지만 마음은 영 편하지 않았다. 중간중간 큰 딸과 통화하며 남편의 상태를 확인했다. 행사를 마친 후 제주에서 대구 공항에 도착해 곧장 병원으로 달려갔다.

"여보, 나 왔어. 여보…" 하고 부르니 희미한 목소리로
    겨우 "응… 응…"

그날 밤 12시경 우린 가슴 아픈 이별을 하게 되었다. 그는 우리 가족들에게 아낌없는 사랑을 다 주고 그렇게 떠나가 버렸다. 마지막까지 나를 배려해 출장에서 돌아올 때 까지 버텨준 남편이 너무 고맙고 또 너무 미안했다.

그렇게 남편은 평생 상대를 배려하는 따뜻한 사람이었다.

나는 삼남매에게 말했다. "아빠가 편히 가실 수 있게 앞으로의 다짐과 어떻게 살아갈 것인지 편지를 써서 함께 보내드리자." 나도 편지를 썼다. 당신의 빈자리가 힘들고 외롭겠지만 강한 엄마로서 최선을 다해 아이들과 잘해 나갈 테니 걱정하지 말라며. 나 믿지, 나 믿고 편히 가시라며.

그 약속대로 막내딸부터 아들, 그리고 큰딸까지 삼 남매 모두 본인들이 선택한 배우자와 결혼해 반듯한 가정을 이루고 산다. 시간은 쏜살같이 흘러 나도 50대에서 70대로. 언젠가는 다시 만날 날이 오겠지 하며 오늘도 주어진 삶에 충실하려고 한다.

메신저 피싱

2020년 12월 10일 오전 9시쯤.

커피 한잔을 마시려고 하는데 막내딸로부터 문자가 왔다. '엄마, 전화기를 떨어뜨려서 액정이 나갔으니 급히 연락할 일이 있으면 이 번호로 하세요.' 라고. '그래, 알았어.' 하고 답장을 보냈다. 마침 그 시간은 막내딸 부부가 태백에서 대구로 오는 날이었고 먼저 코스트코에 들러 장을 보고 '명전 예다원'에 들린 후 엄마집에 오겠다고 말했던 터라 그르려니 했다. 30~40분쯤 지난 후 다시 문자가 왔다.

"엄마, 내 카드에 문제가 생겨 안되니 엄마 카드 사진 찍어서 보내줘." 순간 보통 이런일은 언니 한테 부탁하면 되는데 서투른 나에게 부탁 하나 싶었다. 하지만 문득 얼마전 막내딸이 '미스터 트롯' 콘서트 티켓을 예매해 주던 일이 떠올랐다. 코로나로 힘든 시간을 '미스터 트롯'을 열심히 시청하며 잘 버티고 있는 엄마를 위해 대구공연 예매에 전력을 다했던 막내딸. 아쉽게도 예매에 실패해 시무룩 해져 있다가 그날 밤, 울먹이는 목소리로 전화와서 손가락이 아프도록 새로고침을 해서 취소된 표, 그것도 앞좌석 티켓을 구했다는 것이었다.

그런 막내딸을 생각하니 이정도는 내가 도와줘야지 하며, 비밀번호를 알려달라 길래 보내주고 틀린다 해서 또 다른카드로, 또 다른 카드로 바꿔서 다 알려주었다.

끝내놓고 큰딸에게 전화해서 상황 설명을 하니 "엄마, 막내가 대구 잘 도착해서 선생님 댁에 있다고 우리 카톡방에 연락 왔잖아요." 한다. 순간 아차 했다. 난 바로 문제의 심각성을 인지하고 카드사에 전화해 카드를 중지시켰다. 순식간에 일어난 일이었다. 카드번호, 비밀번호 다 털렸으니 이를 어째...

카드회사와 통화해서 알아보니 한 카드는 백 이십만 원, 다른 카드는 이십사만 원, 또 다른 카드는 백 이십만 원, 모두 합해서 이백 육십사만 원이 결제되었다.
오 마이 갓~~

어이가 없었다.
큰딸이 전화와서 "엄마, 절대 신경 쓰지 마세요." 그나마 빨리 알고 카드 중지 시켜서 다행이라며 안심을 시키려고

한다. 큰딸은 신경성 고혈압이 있는 엄마가 여간 걱정이 되는 모양이었다

작은 사위도 집으로 와선 여기저기 알아본다. 마침 큰딸이 그날 반차를 쓰는 날이라 일찍 우리 집으로 와선 경찰서에 가서 일단 신고부터 하자고 했다. 담당 경찰관과 면담을 하니 오늘 막내딸이 대구로 오는 것도 딸과 평소에 주고받는 문자 내용을 이미 알고 접근했을 것이란다. 대구 도착했다는 카톡 내용과 카드 문자 알림 서비스를 원격지원 시스템으로 다 지워버려 내가 몰랐던 것이다. 참 희한한 세상이다. 사위는 어머니가 빨리 신고해서 그나마 다행이다며 나중에 사백오십만 원이 더 결제되었는데 승인 불발로 결제는 되지 않았다고 한다. 며칠 동안 나 자신에게 화가 나서 견딜 수가 없었다. 바보 같은 느낌이 들어서...

나중에 알고 보니 내 주변에도 당한 사람이 더러 있었다. 나는 휴대폰을 초기화한 다음 카드 재발급 받을 때 한도를 확 낮추었다. 그리고 한 카드는 아예 없애버리고 지금은 연금 들어오는 카드와 가끔씩 쓰는 카드 뿐이다. 불행 중 다행인 것

은 빨리 신고를 해서 인지 카드사에서 이백 육십사만 원을 청구하지 않았다. 시간이 좀 흐르니 농담할 여유마저 생겼다. 그동안 맘고생 같이 해준 자녀들에게 잃어버릴 뻔한 금액의 십프로 만큼 쏘겠다고 했더니 다들 그저 웃는다.

이번 일을 계기로 매사에 더 조심하게 되었다.
'돌다리도 다시 두드려 보는 것처럼.'

비둘기 사건

2006년 새 아파트에 입주해 살면서 처음엔 새 소리만 들려서 좋았는데 어느 순간 비둘기가 점점 늘더니 아파트 안 곳곳을 더럽히기 시작했다. 특히 아파트 창문 난간에 앉아서 오물도 투척하고 역겨운 냄새까지 풍겨 볼때마다 쫓아 버리는데 매번 그리 할수도 없고 볼때 마다 비둘기가 원망스러웠다. 비둘기와의 전쟁이다.

어느 날 창문 밖에 있는 에어컨 박스 안쪽을 보니 비둘기들이 짚 같은 걸 물고 와서 보금자리를 만들고 있었다. 난 기겁해서 매일 청소하고 확인했다. 옆 동에 사는 큰딸 집 에어컨 박스 안쪽을 보니 흙이 좀 쌓여 있길래 딸에게 청소를 해야 되겠다며 "그러다가 새끼를 낳을 수 있어" 딸은 그냥 "네" 대답만 하고는 넘어갔다.

어느 날 TV 뉴스를 보니 에어컨 박스 뒤에서 먼지로 인해 불이 났다기에 겁이 덜컥 났다. 그래서 딸집에 가서 확인해 보니 지난번 보다 흙이 더 많이 쌓여 있었다. 청소를 해야겠다 생각하고는 긴 막대로 흙을 파헤쳐 불 요량으로 쿡쿡 찔러보니 생각보다 너무 단단해서 쉽지가 않았다.

다시 해보려는데 막대 끝이 뭔가 물컹한 물체가 있는것 같았다. '이게 뭐지?' 하며 자세히 들여다보니 옅은 색의 물체가 꿈틀거린다. 비둘기 새끼였다. 순간 "악, 아~악." 얼마나 놀랐는지 가슴이 벌렁벌렁했다. 더는 손을 댈 수도 없고 어린 생명을 어떻게 할 수도 없고 해서 그냥 에어콘 박스 쪽 문을 닫았다. 속으론 '내가 청소하라고 할 때 하지' 하며 원망 섞인 푸념도~

퇴근한 딸에게 이 사실을 알리니 "엄마, 우리 집에 좋은 일이 생길 것 같다"며 그저 웃는다. 그 소리를 들으니 기가 차서 말이 안 나온다. 속마음은 그냥 등 짝이라도 한 대 때리고픈...

할 수 없이 새끼가 날아갈 때까지 기다렸다가 전문업체에 의뢰해 청소, 소독작업을 한 뒤 결국 비둘기 망을 설치했다. 그리고 나서 우리 집도 비둘기 망을 설치한 후 우리는 비둘기로 부터 완전히 해방되었다.

쓸데없는 소모전

자녀들이 결혼하기 전에 늘 입버릇처럼 했던 말이 결혼해서 아이가 생기면 각자 방법을 찾아서 키워야지 난 아기 돌봐 주는건 사양한다고 말했다. 그런데 현실은 큰딸이 아이가 생기고 나니 일단 신경이 쓰일 수 밖에 없었다. 같은 아파트에 사니까 자연히 눈길이 갈 수 밖에. 큰 딸이 출산 휴가를 끝내고 직장에 복귀하게 되니 낮에는 베이비 시터가 와서 외손자를 돌보지만 아침, 저녁으로는 내가 가서 봐줘야만 했다.

그렇게 보내는 시간이 7, 8년쯤 되다 보니 딸과의 의견 충돌이 종종 일어난다. 그럴때면 난 그동안 삼남매 열심히 키워 결혼까지 시켰는데 아직도 이렇게 힘들게 살아야 하나 하며 짜증도 나고 나름 스트레스도 받는다. 딸은 딸대로 주말부부에 아들 둘 치다꺼리 하며, 직장에서 받는 스트레스도 만만치 않고 거기다가 체력도 안 따라주고, 엄마 눈치도 봐야 하니 기분도 다운되고 얼굴 표정도 밝지 않았다. 그럴 때는 서로가 조심해서 넘어가야 하는데 나도 내 생각만 해서 불쑥 한마디를 뱉어 버리면 한 이삼일은 서로의 마음이 평행선이다. 곰곰이 생각해본다. 왜 내가 쓸데없는 소모전을 하고 있는 건지? 나에게 가장 소중한 사람은 가족들이다. 헤어져 살 수도 없고 보지 않으면 제일 보고 싶은 일순위가 가족들인데 꼭 그렇게 해야만 했었나 하고 되짚어 본다.

그리고는 다시 마음으로 다짐한다. 언젠가 떠날 것인데 주어진 시간을 더 소중하게 쓰며 줄 수 있을 때 더 많은 사랑을 주고 떠나자며...

나이가 드니 눈물도 많아진다

직장을 다닐 때 아끼던 후배의 남편이 건설 현장에서 발을 헛디뎌서 추락사 했다는 연락을 받고는 눈물이 앞을 가렸다. 이제 50대 후반인데 이를 어째 하며 하염없이 눈물이 났다. 하나뿐인 아들은 미국에서 의대를 다니는 중이라 계속 떨어져 있었을 텐데 얼마나 충격이 클까 싶어 더 걱정이 되었다. 연락을 준 상무에게 계속 문자를 보냈다.

'몸은 괜찮은지?'
'미음이라도 좀 먹는지?'
'아들은 언제 한국에 도착하는지?'

생각할수록 안타깝고 마음이 아렸다. 몇 날 며칠을 생각하다가 울고 또 울고... 내가 먼저 겪은 일이다 보니 누구보다 그 아픔을 알기에 딱하고 안쓰러운 마음이 더 들었다. 삼우제를 끝내고 전화가 왔다. 후배는 상을 잘 치렀고 힘내서 살아가겠다고 하면서 본부장님은 그 당시에 어떻게 견뎌 내셨냐며 묻는다. 나 역시 무척 힘들었지만 직장에서 일하고 있으니 밖으로 표시를 낼 수도 없었고 또 삼남매를 보면서 참고 견디었다고. 이젠 직급을 떠나 나를 언니처럼 생각하고 힘든 일이 있으면 언제든지 연락하라며 다독거렸다.

후배는 정말 단아하고 예의 바른 사람이었다. 웅진을 떠난 지 오랜 시간이 지났지만 매년 스승의 날에 꽃바구니를 보내 준다. 고맙기도 하고 때로는 미안한 마음이 들어 어떨 땐 여행 가기 때문에 꽃 안 보내줘도 된다고 미리 문자를 보내기도 한다. 이런 착한 사람에게 왜 이런 일이 생겼는지 또 생각하면 눈물이 줄줄 난다.

나이가 들면서 마음도 예전보다 약해지는 걸 느낀다. 예기치 못한 큰 슬픔이나 힘듦에 눈물을 왈칵 쏟을 때도 있지만 일상 가운데 느끼는 알 수 없는 짠함에 금새 내 눈가가 적셔진다. 아들 식구들이 대구에 왔다가 서울로 떠날 때의 뒷모습에서, 손녀와 헤어짐에 또 울컥한 마음이.. 외손자가 학원 갈 때 버스 정류장까지 데려다 주면 버스 좌석에 앉아 손을 흔드는 손자의 모습에서도… 자식들을 보고 있노라면 가끔은 언제까지 이렇게 커나가는 걸 볼 수 있을까 하는 생각이 나도 모르게 든다.

그 눈물은 함께 할 수 있는 날이 점점 줄고 있다는 서글픔도 있겠지만 마음의 준비를 어느덧 하고 있는 스스로에 대한 애잔함도 있을 것이다. 느닷없이 이별하게 되더라도 후회스럽지 않게 매일매일 표현하자. 사랑한다고. 고맙다고.

숙제를 하다

남편이 살아 생전 꿈꾸던 것 중 하나는 아들, 딸들이 결혼하기 전에 스페인으로 가족 여행을 가는 것이었다. 나는 남편이 한 그말이 늘 마음속에 남아 있었다.

2005년 4월, 드디어 스페인으로 Go, Go!!
여행을 준비하면서 가장 어려웠던 것은 각자 직장생활의 일정에 맞추어 날짜를 결정하는 것이었다. 모두가 함께 해외여행을 가는 것이 처음이라서 설레기도 하고 또 남편의 오랜 꿈을 실현할 수 있다는 생각에 너무 기뻤다. 아들과 딸들에게 아빠를 대신하여 주는 엄마의 선물이기도 했다.

아들이 스페인 여행은 조심 또 조심해야 한다고 몇 번이나 강조를 했다. 그 이유는 아들이 대학생때 유럽여행으로 스페인에 갔다가 벌건 대낮에 노상 강도를 당했기 때문이다. 아들이 숙소에서 나와 건축물 사진을 찍으려고 걸어가는 순간, 성인 남자 두명이 아들을 앞으로 밀쳐 넘어 뜨렸단다. 아들은 순간 애지중지하는 카메라를 양팔로 감싸 안으며 안뺏길려고 용을 쓰며 버티었다고.

서투른 한국 발음으로 "배-띠 풀어, 배-띠 풀어" 아들의 배띠를 풀어 그대로 갈취해 줄행랑을~~ 결국 안에 들어 있던 여권, 여행자 수표, 현금 등 다 빼앗긴 쓰라린 경험이 있었기에 더 조심하라고 했다. 그날 일정은 그라나다의 알함브라 궁전 투어를 마친 뒤 시내 중심가에 있는 호텔로 가는 것이었다. 다른 일행은 플라멩코 공연을 보러 갔고 우린 분위기 있는 선술집 테라스에 앉아서 음식을 주문하기로 했다. 주문을 기다리는 사이에 젊은 웨이터가 웃으면서 다가오며 반갑게 말을 건넸다.

웨이터 : "일본인이세요?"

나 : "아니요. 한국에서 왔어요. 2002년 월드컵 때 스페인과 축구 경기한 한국이요."

내 말을 들은 우리 애들이 기겁을 하며 여기에서는 축구 이야기를 하지 말라고 주의를 주었다. 축구광의 나라에서 겁도 없이 스페인전을 이야기 했으니~ 그 당시 스페인 사람들은 승부차기에서 진 걸 도둑맞은 게임이라며 흥분했다고 한다. "아차!" 싶었지만 이미 돌이킬 수가 없으니~

주문한 맥주와 하몽에 샐러드를 먹으면서 그라나다의 밤 풍경을 즐겼다. 가끔씩 그라나다의 풍경이 생각날 때는 기타 연주곡 '알함브라 궁전의 추억'을 듣곤 한다. 숙제를 끝내고 나니 내 마음도 홀가분하다.

각자의 길

큰딸이 오늘 오후에는 오랜만에 친구를 만나 수다를 좀 떨어야 한다며 반차를 냈단다. 대학교 다닐 때 친한 친구 세 명을 만나는데 그중 한 친구는 못본지 17년이나 되었다 한다.

저녁에 딸이 돌아와서 하는 말이 친구 한 명은 몸이 아파서 못 나왔고 셋이 만나서 신나게 수다 떨고 왔다면서 "근데 제 친구 중 한명은 또 아프리카 간다고 해요" "또 간다고?" 난 놀라서 그 고생을 하고는 "왜 또 가는데?" 큰딸 친구는 업무차 아프리카 파견 근무 중이던 어느 날 저녁, 몸이 안좋아서 식사를 숙소로 배달시켰다. 떡국을 가지고 온 식당 아주머니가 "왜, 어디 아프냐?" 고 물어서 "약간 말라리아 증세가 있어요. 약 먹었으니 괜찮을 거예요." 했는데 새벽 2시쯤 마비 증세가 와서 몸을 움직일 수가 없어 동료 직원 세명에게 차례로 전화를 했지만 아무도 연결이 안 되어서 결국 식당 아주머니에게 전화를 했다. 마비증세로 말도 안나와서 겨우 울음소리를 냈더니 아주머니가 뭔가 문제가 있음을 직감하고 남편과 함께 달려 오셨단다.

현지 응급실로 가서 치료를 받은 후 한국에 돌아와서

107

세브란스 병원에서 한 달 동안 얼굴 마비 증세 치료를 받은 후 완쾌가 되었다. 그런데 이번에 또 아프리카에 간다니. 그래도 이번에는 아프리카 지역 유니세프 직원으로 가게 되었다고 하니 축하해 줄 일이었다. 다른 친구는 졸업 후 서울 대치동에서 인기 있는 영어강사를 하다가 미국에서 교육학 박사 학위를 받고 잠시 한국에 나왔다가 다시 미국으로 돌아간단다.

네 명 중 두 명만 결혼을 했고 아이 엄마는 딸뿐이다. 두 명은 아직 미혼이고 본인의 일을 우선시 하고 있다. 모두 40대 중반, 예전 같으면 다 자녀가 있는 엄마 였을텐데...

우리나라의 출산율이 살짝 걱정스럽기도 했다. 하지만 인생에 정답은 없다. 자기 자신이 인생의 주인공이니 스스로 자신의 인생을 잘 설계하는 것이 중요하다. 그 또한 본인의 선택이고 몫이다. 최소한 "라떼는 어땠는데..." 하는 꼰대 조언은 해주고 싶지 않다.

한편으로는 자신의 꿈을 좇아 전력투구 할 수 있는 열정과 신념이 대단하다.

각자의 장미빛 미래가 되길 응원한다.

강아지 사건

어느 날 아침 1층 로비로 걸어가는데 1층에 사는 아이들이 현관문을 열고 우르르 나오는 순간 갑자기 강아지가 짖어대면서 쏜살같이 달려나온다. 난 몸을 피한다고 돌아섰지만 강아지는 결국 내 오른쪽 종아리 뒤쪽을 물었다. 두꺼운 바지 덕분에 다행히 상처가 심하지는 않았지만 선명한 이빨 자국에 피도 약간 보인다. 주인 아저씨가 강아지를 안으로 들여보내면서 죄송하다고 말을 하며 문을 닫았다.

평소에 로비를 지나갈 때마다 개 짖는 소리가 들려도 집안에서 키우니 그러려니 하고 그냥 지나쳤는데 오늘은 기분이 좀 상했다. 1층은 사람들이 빈번하게 드나드는 곳이고 우리 손자들도 우리 집에 올 때는 1층에서 엘리베이터를 타다 보니 살짝 걱정도 되었다. 그래서 다시 문을 노크했다. 아저씨가 문을 열고 나오시길래 "저 505호에 사는데요. 혹시 강아지 광견병 예방주사는 맞췄나요? 무슨 일 있음 연락드릴께요." 하니 "네. 네. 예방주사는 맞았습니다. 알겠습니다." 한다.

그날 밤 9시쯤 우리 집 현관 초인종 소리가 나서 문을 열어보니 1층의 애들 엄마였다. "할머니, 퇴근해서 집에 오니

505호 할머니가 강아지에 물렸다는 말을 듣고 왔어요" 한다.

일단 안으로 들어오라 하고 물린 자국을 보여주었다. 약도 발랐고 그나마 경미해서 다행이라고 하니 혹시 모른다며 병원에 가보자고 자꾸 권해서 따라 나섰다.

차를 타고 병원으로 가는 도중에 애들 엄마가 저번에도 딸의 친구 6살짜리가 넓적다리를 물려 데리고 병원을 몇 군데나 갔는데 일요일이라서 병원 문을 닫아 결국 영대병원 응급실로 갔다며 아이 피부가 부드러워서 정말 혼비백산했다고.

그 말을 듣는 순간 약간 화가 치밀어 올랐다. "아니, 그런 일이 있음 바로 조치를 취해야지. 아무리 기른정도 좋지만, 그건 아니지 않나요?" 하니 자기도 업둥이를 받아서 키우는데 이집 저집 떠맡겨서 돌보다 보니 강아지의 감정 기복이 심해져 한번은 자기 아들도 물려서 상처가 생겼다고 한다. 강아지를 보호소로 보낼 생각도 했는데 막상 보내려니 안타까운 마음에 그러지 못했다고 했다. 병원에 도착해서 의사가 물린 자국을 보더니 엑스레이 찍고 주사 맞고 나서 처방전을 준다고 한다. 난 엑스레이는 안 찍겠다며 그냥 주사와 약을 받은 후 나왔다. 돌아오는 차 안에서 몇번이나 당부했다.

"눈 딱 감고 보호소로 보내야지!
또 이런 일이 발생하면 어떻게 하겠냐고."

벌써 그 일이 있은지 2년 가까이 되었지만 여전히 로비를 지나갈 때면 강아지 짖어대는 소리가 들린다. 공동 주택인 아파트에 살면 기본적인 예의를 지키는 게 도의적인 태도가 아닐까? 가끔씩 마주쳐도 기분 좋게 웃을 수 있는 이웃사촌이 되면 좋겠다고 생각해 본다.

유언장을 써놓고 간다

해외여행을 갈 때마다 늘 준비해 놓고 가는 게 있는데 그건 유언장을 써놓는 것이다. 내일의 사람 일은 알 수가 없고 또 정리해 줄 짝도 없으니 마무리를 쉽고 깔끔하게 하기 위함이다. 젊은 시절엔 해외여행을 갈때면 초등학교 소풍가는 날 기다리듯이 설레기만 했는데 어느 순간 나이가 드니 설레이다 가도 마음 한켠엔 무슨일이 생기면? 하는 약간의 걱정이 들기 시작했다. 하고픈 말과 당부의 말을 아들 가족, 딸 가족들에게 편지로 남긴다. 혹여나 갑작스럽게 이별하게 되면 너무 황망하지 않겠는가. 그렇게 하다 보니 갈 때마다 편지의 연도와 월, 일이 계속 바뀌게 된다. 이렇게 하고 가는 것이 첫째 내 마음이 편하고 일단 정리, 정돈을 쉽게 할 수 있게 하는 것이니, 서류, 도장, 은행 통장도 한곳으로 모아서 쉽게 찾을 수 있도록 보관해 놓고 간다. 그래놓곤 꼭 큰딸에게 엄마한테 무슨 일 생기면 저기 서랍 열어보라고 일러둔다.

큰딸은 매번 엄마 왜 그러냐고 걱정 마시라고 이야기 하면서도 언젠가 부터는 자기도 나이들면 그래야 겠단다. 여행을 가서 새로운 걸 보고 즐겁게 보내다가 집에 무사히 돌아왔을 때 나는 감사의 마음을 담아 기도를 드린다.

또 다시 '사랑하는 가족을 볼 수 있음에' 그리고
'또 떠날 수 있는 내일이 있음'에...

엄마를 모시고 여행 가면 불편하지 않아

늦가을의 어느 일요일 오후 큰딸로부터 전화가 왔다. 아이들 때문에 열 받아서 도저히 집에 있지 못하겠다며 기분전환 겸 검색해 둔 카페에 가보자며. 그래서 집에서도 멀지 않은 '대봉동 문'이라는 카페에 갔다. 입구 정원에는 감나무 세 그루가 있었는데 다홍색의 감이 주렁주렁 달려 있고 카페 내부는 깔끔하며 아늑한 분위기였다. 카페라떼를 주문한 후 밖의 풍경을 보니 도심속에 이런 휴식 공간이 있어서 마음이 더 편해지는것 같았다.

큰딸과 얘기를 나누던 중 "엄마, 친구가 너희 가족끼리 여행 가는데 한두 번도 아니고 왜 친정엄마를 자꾸 모시고 가? 불편하지 않아?"라고 묻길래 "우리 남편은 매번 장모님 모시고 가자고 해. 그런데 나도 엄마랑 같이 가면 편하고 좋아."라고 대답했다고.

그 친구는 큰딸에게 "난 엄마를 모시고 가면 스트레스를 받아. 엄마를 생각해서 고급 식당이나 볼거리가 있는 장소를 나름 신경써서 모시고 가면 '가격이 비싸다.' '맛도 그저 그렇다.' 인기있는 관광지도 모시고 가면 시큰둥 하시니 진짜 짜증이 나" 라고 했다고. 큰딸은 엄마가 남편 보다 자기 사진을 더 잘 찍어주고, 가족사진도 자연스럽게, 특히 이쁜 경치를 배경으로 구도를 잘 잡아서 찍어주니 앨범 만드는 데 도움이 된다고 한다. 그리고 난 식성도 좋아서 음식을 가리지 않고 걷는 것도 잘 걷고 커피도 좋아하니 코드도 잘 맞고 여러모로 수월하단다.

어떨때는 딸이 여행 함께 가자고 하면 사양하기도 한다. 외손주들이 차 안에서 투닥거리고 운전하는 사위에게 신경쓰이는 행동을 하면 머리가 지끈지끈해지는 경우가 있다 보니 가끔은 사양하게 된다. 그래도 딸 가족과 함께 하는 여행은 늘 좋은 추억을 가져다 준다.

그리고 자녀들과의 여행에도 내 나름대로의 원칙이 있다.
1. 절대 간섭하지 않기.
2. 고맙다는 표현을 꼭 하기.
3. 맛있으면 맛있다고, 경치가 좋으면 좋다고 표현 잘하기.
4. 과일 · 과자 등 간식은 꼭 준비하기.
5. 내 마음속의 1/n을 정해서 적절하게 지갑 열기.

작년 12월, 1박 2일로 부산 여행을 다녀오면서 더욱 느낀 점은 평소에도 그렇지만 큰 사위가 참 어질고 배려심이 크다는 것이었다. 어려운 형편속에서도 잘 키워주신 사부인이 고맙고 대단하시다는 생각이 들었다.

우리 딸도 항상 시어머님이 너무 편하고 좋으신 분이라고 말한다. 나도 감사의 마음을 담아 작은 선물을 딸 편으로 보내드렸다.

아들 참 잘 키우셨다고~

하늘길이 막히다

사업단 소속 팀장, 에이전트 연수를 중국 해남도로 가게 되었다. 해남도는 그 당시 '동양의 하와이'로 소개되며 새로운 여행지로 눈길을 끌고 있었다. 베트남과 마주 보고 있어서 인지 중국이지만 베트남의 분위기도 살짝 느껴졌고 날씨가 따뜻한 지역이라서 평화스럽고 목가적이면서 무척 낭만적인 모습의 섬이었다.

호텔도 고급스럽고 맛있는 식사와 멋진 모습에 신바람 나게 즐거운 여행을 마친 후 떠나기 전날 밤, 아시아나 항공 해남도 지점장님이 찾아오셨다. 서로 인사를 나눈 후 하시는 말씀이 "지금 아시아나 항공 파업이 발생한 관계로 내일 출발할 비행편이 결항 됐어요." 순간 한 대 맞은 기분이었다.

집에서 기다리는 팀장, 에이전트 가족들, 또 실망할 어린 자녀들의 모습이 떠오르면서 걱정이 되었다. "이 일을 어쩌지…" 허나 방법이 없었다. 타고 갈 비행기가 없으니~

지점장님이 숙박은 지금 머무는 호텔에서 하루 더 묵으라고 했다. 식사도 그냥 지금 머무는 호텔에서 해결하며 관광도

한 군데 더 다녀오시라고 말씀하시며, 거듭 죄송하다고 하셨다.

이 상황을 설명해주니 생각 외로 모두들 난리가 났다.
"와! 이리 좋노" 환호성까지, 밥도 안 해, 빨래도 안 해, 이불도 안 치우고, 주는 밥 먹고 관광에. "집에 있으면 무수리 여기 있으면 공주들"이라며~

단 한 명만이 눈물을 글썽이면서 하는 말,
"전 헤엄쳐서 한국 갈 거라고!!"

미골 끝에 생긴 물집

웅진 출판 전국 지부장 행사가 처음으로 해외에서 열렸다. 장소는 마닐라에 있는 호텔컨벤션센터 였다. 첫날은 식순에 따라 회사 전체 행사를 치른 후 둘째 날부터는 각 지역의 사업단별로 선택 관광을 하게 되었다. 그날 일정은 호텔 입구에서 투어버스를 타고 따가이따알 화산섬으로 가는 코스였다. 버스가 도착한 후 선착장에서 배를 타고 이동한 다음 화산섬에 도착했다. 그 섬은 화산 안에 화산으로 신비로운 분위기를 자아내는 곳이었다.

출발지에서 정상까지는 각자 주어진 말을 타고 올라가는데 길이 가파르고 돌도 군데군데 많아서 난코스가 예상되었다. 약 45분 정도 올라가는데 안장도 불편하고 또 말에서 떨어질까봐 용을 쓰고 가니까 엉덩이도 아프고 마음도 불안 불안했다. 도착 후 말에서 내려 계단으로 올라가니 화산 분화구의 멋진 풍경이 넓게 펼쳐졌다. 그리고 분화구의 물과 바깥 호수의 물이 수위가 달라 보여지는 모습이 색다르게 느껴졌다.

관광을 마치고 내려오는 길은 아래의 풍광이 다 보이는데 다 넘어질 것 같은 느낌이 들어 더 힘들었다. 말 고삐를 꼭 붙들고 내려오니 엉덩이 쪽이 쓰라린 느낌이 더 심해졌다. 거기에다 긴장을 해서 그런지 온몸이 땀범벅이었다.

마닐라로 돌아와 식당에서 저녁을 먹은 후 화장실에 가려는데 갑자기 옆쪽에 앉은 일행이 붙잡는다. 왜 그러나 싶어 돌아보니 작은 소리로 "엉덩이 뒤쪽에 얼룩이 묻어 있어요" 한다. 연한 색 바지를 입고 있어서 더 표시가 났나 보다. 얼른 재킷을 벗어 허리에 두르고 화장실에 가서 확인해 보니 말 타면서 힘을 너무 주고 앉아서 미골쪽에 피부가 벗겨지고 상처가 나서 진물이 난 것이었다.

말을 타본 경험이 없어서 엉덩이를 살짝 들어 주어야 하는 건데 힘들게 붙들고만 있었으니 말에게도 미안했다. 날씬한 사람 태웠으면 고생도 덜했을 텐데.

나 태워서 생고생만 했으니~

많이 쓰지 않았습니까?

아침 식사 후 새 칫솔로 바꾸어 양치질을 하는데 왼쪽 아래, 위가 어긋난 느낌이 들어 보니까 위쪽의 덮어 씌운 이가 조금 내려와 있었다. 얼마 전부터 가끔 왼쪽 볼 쪽이 약간 찌릿한 느낌도 있어서 치과에 가봐야겠다고 생각하던 중이었다.

5년전 쯤인가 가을에 밤을 삶아서 깨물어 먹던 중 갑자기 왼쪽이 조금 이상한 느낌이 들었고 이삼일 후 찌릿한 느낌이 들어 치과에 갔다. 사진을 찍은 후 검진을 해보니 금이 갔다고도 안 갔다고도 할 수 없는 애매한 상태였다. 일단 금으로는 덮어 씌우지 말고 좀 더 저렴한 것으로 하자 해서 지금까지 지내온 것이었다. 외손주들이 다니는 치과가 집에서도 가깝고 해서 일단 거기로 갔다.

사진을 찍은 후 선생님이 보시더니 안쪽으로 이미 다 썩고 겨우 뿌리만 남았는데 두 쪽으로 깨져서 두 조각의 끝부분만 남은 상태라 하셨다. 이가 튼튼하다고 조심성 없이 딱딱한 밤을 깨물어 먹은게 화근이었다. 과자처럼 얇은 누룽지도 꼭꼭 씹어먹고, 강냉이도 강원도 토종 작은 강냉이만 먹었으니 결국 탈이 날 수 밖에.

선생님: "많이 쓰지 않았습니까?"

　　(아마 내 차트를 보고 내 나이가 만만치 않아

　　하신 말씀이지만)

나: "네, 그렇지요." 라고 대답했다.

　　(선생님은 부드러운 목소리에 거슬리지 않는 말투로

　　말씀하셨다. 젠틀맨이셨다.)

　같은 말이라도 말은 그 사람의 인품과 품격이다. 나이가 들
수록 예쁜 말씨를 쓸 수 있도록 평상시에 자기 관리를 해야
겠다는 생각이 들었다. 선생님은 육개월 뒤에 임플란트 하
면 되고 처음이니까 보험도 된다고 친절히 알려주셨다. 나
의 부주의로 치과에 오게 되었지만, 노화는 어쩔 수 없는 자
연의 이치다.

화장실서 급 당황

그리스 아테네에서 자유시간을 가지면서 예쁘고 아기자기한 상점들을 구경하고 다니다가 멋진 호텔 안으로 들어가게 되었다. 호텔 내부는 고급스러운 장식으로 꾸며 놓았으며 각종 샵에는 그리스 유물들을 카피한 여러 종류의 물건들을 판매하고 있었다. 특히 여성들이 좋아하는 세련되고 고풍스럽게 만든 악세사리에 눈이 갔다. 파란 터키석의 멋스러운 팔찌가 맘에 들어 구입한 후 한층 밑에 있는 화장실에 갔다.

화장실 분위기 마저 화려하고 인테리어가 그리스풍으로 특이했다. 문을 잠그고 볼일을 본 다음 문을 열려고 하니 도대체 문이 열리지 않고 문고리도 우리나라 것과는 너무 달라서 순간 당황했다. 곧 일행들과 만날 시간이 되어 가는데 어떻게 하나 싶어 걱정과 불안에 휩싸였다. 거기서 소리쳐 부를 수도 없고 '그래, 마음을 차분히 가라 앉히고 다시 시도해 보자. 들어왔으니 나갈 수 있을거야' 몇 번을 다시 시도한 후에 찰칵하며 문이 열렸다. 얼마나 안도의 한숨을 쉬었는지~

그때 느꼈다. 혼자보다는 동행이 있어야 든든하고 불안하지 않다는 것을. 그건 여행지에서 뿐만 아니라 우리 인생에

서도 마찮가지겠지? 잘 마무리해서 늦지 않게 약속장소로 갈
수 있어서 천만다행.

보이스 피싱

　그날은 딸아이의 자동차 뒷번호가 차량 10부제에 해당되는 날이라서 지하철을 타고 간다기에 내가 지하철역까지 차로 데려다 주었다. 집에 돌아온 후 30분쯤 지나서 전화벨이 울렸다.

　나 : 여보세요?

　남자 : 거기 ○○○씨 댁이죠?

　나 : 네 맞습니다. 누구세요?

　남자 : ○○○씨(딸아이 이름)가 교통사고가 났어요.

　나: (너무 놀라서) 어느 병원에 있어요? 많이 다쳤나요?
　　　병원 이름 말씀해 주세요!

　갑자기 정신이 멍하고 얼굴은 벌겋게 달아올랐다.

　남자: 너무 심한 건 아니고요.
　　　병원에 가자고 하는데 괜찮다며 울고 있어요.

　나: 빨리 바꿔주세요.

　여성: 엄마… 흑흑, 내가 친구한테 돈을 빌렸는데…

그 말을 듣는 순간 난 전화기를 탁 끊어버렸다. 우리 딸 평소 행동이 아니기 때문이다. 그날 당장 발신자 표시가 있는 전화기를 사서 교체했다. 몇 달 후 왼쪽 중지 손톱에 하얀 좁쌀만한 반점이 생겼다. 그 때 얼마나 놀라고 충격을 받았는지 몸이 말해주는 증세란다.

　나쁜 놈들, 세상에 이런 나쁜 놈들 투성이라니~

공항에서 일어난 해프닝

2005년 12월 초의 어느 날 영화 '브로크백 마운틴'을 영화관에서 볼 수 있는 기회가 있었다. 영화의 내용 보다 로키산의 웅장함과 자연적인 풍광을 즐기고 싶다는 마음이 더 들게 했던 영화였다. 미 동부 여행 때 토론토에 들러 나이아가라 폭포를 봤을 때 캐나다의 자연이 너무 좋았기 때문에 언젠가 밴쿠버 쪽으로도 가봐야 겠다는 생각을 가지고 있던 터였다.

친구 두명과 성수기 때가 아닌 조용한 시즌에 눈 덮인 로키산을 보는 것도 색다른 경험이라고 생각해서 2006년 2월 28일 겨울, 밴쿠버로 출발했다. 한국에서 출발할 때 동행하는 가이드는 없었고 공항 입국 심사를 통과해서 나가면 현지 가이드가 기다리고 있을 거라는 설명을 들었다. 밴쿠버 공항에 도착해서 입국심사를 받고 나오니 친구 두명도 내 뒤에 따라오고 있었다. 그대로 짐을 끌고 공항 밖으로 나와서 보니 친구들이 보이지 않았다. '화장실에 간 걸까?' 하고 기다리는 동안 가이드와 인사를 나누었다.

꽤 시간이 흘러도 친구들이 나오지 않았고 나는 다시 문 쪽으로 가서 기웃거렸다. 그때 어떤 남자분이 나오시더니 나를 보면서 물었다.

　남자 : "친구 두명 기다리시는 거죠?"
　나 : "네"
　남자 : "친구 두명은 무슨 문제가 있는지 불려갔어요."

　순간 "무슨 일이지?" 걱정이 들었다. 더구나 단체관광 일정
이었기에 일행들 중 배고프다고 하는 사람도 있고 불편해 하
는 기색이 보여 꽤나 눈치가 보였다. 친구들의 소식은 알아
볼 방법이 없고 그저 시간만 자꾸 가니 마음이 더 불편했다.
더는 그냥 있을 수는 없어 가이드에게 물었다.

　나 : "다음 행선지는 어디에요?"
　가이드 : "공항에서 나가 시내 근처에 있는 식당에서 식사
　　　　　부터 하고 난 다음 엘리자베스 공원에서 투어를
　　　　　시작할 겁니다."
　나 : "그럼 친구들이 나오면 공원으로 찾아갈 테니 공중
　　　　전화를 이용할 수 있게 동전 두개와 선생님 전화번
　　　　호를 적어주세요. 그리고 어떤 택시를 타야 안전한

가요?"

가이드 : "노란 택시를 타시면 됩니다. 해낼 수 있는 분 같아
서 마음 놓고 갑니다."

일행들이 먼저 떠난 후 계속 공항에서 서성이니 공항 보안
요원이 다가와서 무슨 일이 있는지 묻는다.

보안요원 : "마담, 무슨 일이 있습니까?"
나 : "친구 두명이 아직 나오지 않아서 기다리는 중이에요."
하니 알겠다며 갔다.

중간에 가이드에게 전화해 친구들이 아직 나오지 않았다고
알려주고는 초조한 마음으로 공항을 서성였다. 거의 1시간
30분이 지나고 나서 친구들이 문으로 나오는 것이 아닌가.
무슨 일이었냐고 물어보니 e-ticket 때문에 문제가 생겼다고
한다. 그 당시 비행기 티켓이 e-ticket으로 바뀐지 얼마 되지
않아 돌아오는 티켓을 짐가방 안에 넣어 두어서 입국심사 때
보여주지 못해 생긴 해프닝이었다.

친구들은 너무 지친다며 그냥 호텔로 바로 가자고 했다. 그러나 오늘 마지막 일정은 내가 고대하던 밴쿠버 중심가 '개스타운'을 가는 것이었다. 친구들을 달래 우선 가벼운 식사라도 좀 하자며 패스트푸드점에서 샌드위치와 오렌지 쥬스를 사서 요기를 했다. 택시를 타고 택시기사에게 가이드 전화번호를 주면서 통화를 부탁했다. 현지 분들이 만날 장소 위치를 더 정확히 알 것 같아서였다.

목적지에 도착하니 기다리던 일행들이 모두 박수를 치며 환호해 주었다. 우리는 택시기사에게 넉넉한 팁을 주며 감사함을 표시했다. 개스타운을 볼 기회를 잃지 않아서 다행이었다. 그날 이후 순백의 설산 로키쪽 여행을 잘 마치고 돌아왔으며, 공항의 해프닝도 재미난 에피소드로 남아있다.

재도전

친구 세명과 코카서스 3국 여행을 마치고 두바이에서 버즈 칼리파 전망대를 보러 가는 길이었다. 가이드 선생님이 티켓을 주시면서 "이 티켓으로 입장하셔서 관람하신 후에 내려오셔서 출구로 나오기 전에 카페에서 티켓을 보여주면 커피와 빵을 주니까 받아서 오시면 됩니다." 전망대 관람을 마친 후 내려오니 어디서 받는지 도통 알 수가 없었다. 옆쪽의 상점에 물어보니 아래층으로 내려 가라고 해서 에스컬레이트를 타고 내려와 보니 출구 쪽이었다. 오기가 발동했다. 티켓값에 포함된 금액인데 그냥 나왔으니... 가이드 선생님께 말씀드리니 아직 모이는 시간도 충분하니 다시 들어가라 하신다. 입구에서 들어가니 다시 처음 가던 길로 가는 길 뿐이다. 전망대로 올라갔다가 내려와야 하니 난감한 일이다. 저렇게 줄을 서서 많은 사람이 기다리고 있으니~

그러던 찰나, 우리 옆쪽 사무실에서 직원으로 보이는 여성 한명이 나왔다. 인사를 하고는 우리 상황을 설명하니 "Follow me." 한다. 그 여성 직원은 함께 엘리베이터를 타고 내려온 후 그 카페까지 안내해 주었다. 너무 고마워서 "Thank you very much. I appreciate it!" 하고는 그 카페에서 따끈한 아메리카노 네 잔에다 큰 사이즈 크로와상 네 개를 받아서 돌아오니 일행 중에 우리 빼고 아무도 서비스를 받아온 사람이 없었다. 대단한 친구팀이라며 한마디씩 거든다. 노곤한 오후의 피로감을 싹 가시게 해준 달콤함이었다.

성급한 포기보다 가급적 다른 기회를 활용해 도전해 보는 게 나의 생활태도 중 하나이다. 작은 도전이었지만 친구들과 함께 해냈기에 내심 뿌듯했고 이 티켓 사건은 우리들의 또 하나의 재미난 추억으로 남았다.

미완성 계획

2021년의 여름휴가는 큰딸 가족과 태백 막내딸 집에서 보냈다. 태백의 여름은 시원하기도 하고 특히 밤에는 제법 선선해 여름에 가기 딱 좋다. 새롭게 가볼 만한 장소와 볼거리도 생겨서 외손주들은 신이 났다.

태백에 도착한 다음날, 큰 딸 식구들은 장호항 오토캠핑장으로 1박 2일 물놀이를 하러 떠났고, 나도 막내딸 부부와 한강 발원지인 검룡소로 가서 숲속의 오솔길도 걷고 시원한 산바람을 맞으며 여유로운 시간을 보냈다. 늦은 점심으로 단골 국밥집에서 식사를 한 후 시장에서 삶은 옥수수를 사서 집으로왔다.

막내딸이 편안한 옷으로 갈아입고 막 거실 소파에 앉으려는데 딸의 폰이 울렸다. "아! 네 선생님. 네. 네. 집에서 가까워서 금방 갈 수 있습니다. 거기서 뵙겠습니다." 통화를 마친 딸에게 무슨 일이냐고 물어 보았다. 막내딸이 턱관절이 안좋아 몇 년 동안 대구에서 진료를 받고 있는데 그 담당 선생님이 서울에 사는 손자 둘을 데리고 태백에 오셨다는 것이다. 다시 옷을 갈아입고 집을 나서는 막내딸에게 아이들 가져다 주라고 옥수수를 챙겨 주었다.

그리고 몇 시간 뒤 딸이 집으로 돌아왔다. 선생님 부부가 손자들의 여름방학을 맞아 대구에서 서울까지 운전해 가서 손자 둘을 태워 태백에 와서 2박을 보냈단다. 그런데 날씨도 시원하고 다닐만한 곳도 많아 하루 더 있기로 하고 마침 시간도 나고 해서 딸의 티하우스 '향전'에 들렀다고 했다. 내일은 손자들을 서울까지 데려다 주고 대구로 가신다며 손자들도 차를 잘 마시며 내년에 또 오겠다는 인사를 하고 갔단다.

평소 딸이 진료를 보러 가면 먼 거리인 태백에서 운전해 대구까지 오면 힘들겠다는 말씀과 티하우스 운영은 어떤지도 물으시고 혹시나 그쪽으로 갈 일이 있음 한번 들리시겠다고 하셨단다.

딸의 이야기를 들으면서 무언가 모르게 마음 한켠이 찡하고 아렸다. 아들, 딸들이 결혼하면 직장생활을 해야 하니 우리가 미래의 손자, 손녀들을 데리고 박물관 견학이나 자연 속에서 다양한 경험을 많이 할 수 있도록 해주자는 말을 수없이 한 남편이 생각났기 때문이다.

그렇게 많은 계획을 마음속으로 짜두었는데 그 계획은 미완성으로 끝났으니...

그날 밤은 이 생각 저 생각으로 뒤척이며 쉽게 잠들지 못했다.

2021년의 새로운 변화

일본에 사는 동생이 건강한 재료로 만든 케이크 사진을 종종 카톡으로 보내 준다. 동생은 보통 본인이 만든 케이크 한 조각에 단호박 스프로 저녁식사를 대신 하곤 한다. 원래 솜씨가 좋아서 우리 아이들이 어릴 때는 여러 종류의 빵을 만들어 주곤 했다.

어느 날 유튜브를 보다 보니 밥솥으로 빵 만드는 방법이 손쉬워 보였고 좋은 재료로 만드니 건강에도 좋겠다 싶어 한 번 따라 만들어 보았다. 처음엔 시키는 대로 하지 않고 냉동실에 있는 블루베리를 조금 넣었더니 블루베리의 수분 때문에 물기가 많아져서 실패했다. 두 번째로 시도해보니 밥솥 밑에 닿은 아래쪽은 잘 익었는데 위쪽이 조금 덜익은 것 같았다.

다음번에는 처음 그대로 만능 찜 시간을 맞추어서 한 다음 다시 꺼내서 앞뒤를 뒤집어서 더 익혔더니 멋진 모양의 케이크가 되었다. 내 입맛에는 딱 맞지만 외손주들의 입맛에는 불합격. 자꾸 만들다 보니 밥하듯이 하게 되었고 가족들 생일 케이크도 만들어서 위에 슈가 파우더 살짝 뿌리고 장미 꽃잎도 장식하니 하나밖에 없는 홈메이드 케이크가 되었다.

큰딸에게도 변화가 오기 시작했다. 큰딸은 스콘을 좋아해서 첫 도전으로 스콘을 만들어 보았는데, 첫 시도 치고는 너무 성공적이었다. 탄력받은 큰 딸은 오래된 에어프라이어를 버리고 새로 오븐을 사서 본격적으로 해보기 시작했다.

치아바타, 식빵, 바나나 카스테라, 초코칩 쿠기, 포카치아, 초코케이크, 이젠 브라우니까지. 유튜브 채널 '호주가이버' 아저씨를 따라 해보니 쉽고 일로 쌓인 스트레스도 풀린다면서 가족들이 좋아하니 더 신이 났다. 이번 설에 시댁에 갈 때도 초코케이크를 만들어 갔는데 모두 좋아하셨다고. 최근에는 소금빵까지 성공하면서 제빵에 제법 자신감을 가지게 되었다. 큰딸의 그런 모습을 보니 나도 덩달아 신이 났다. 무엇보다 큰딸이 종종 만들어주는 치즈 치아바타는 내 입맛에 딱이다.

코로나 이전에는 나도 그렇고 큰딸도 제빵에 일도 관심 없었다. 아무래도 집에 머무르는 시간이 많아지면서 새로운 취미가 생긴것이다. 그리고 밀가루 반죽을 만질 때마다 내 마음도 보송보송하게 되고 빵이 구워질때 풍기는 빵 냄새는

138

세상 시름 다 잊게 한다. 무엇보다 함께 나누어 먹을때 느끼
는 기쁨에 중독성이 강하다. 코로나로 자유롭게 다니지 못하
는 갑갑함을 새로운 취미로 잘 이겨내고 있다.

여행은 늘 즐겁습니다

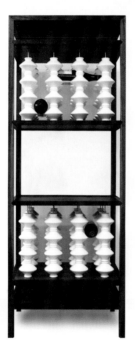

주판 와인꽂이
abacus winerack(2012)_choi, joonwoo

발리에서 생긴 일 1

1992년, 인도네시아 발리섬으로 여행을 갔다. 발리에 도착하니 열대 지방의 독특한 풍경과 특유의 향이 코끝을 자극했다. 넓은 리조트 안의 수영장과 해변으로 이어지는 모래사장과 가슴을 시원하게 해주는 바다색이 와! 세상에 이런 멋진 곳도 있구나 하며 감동.

생애 두 번째로 간 해외여행이다 보니 경험 부족으로 1달러짜리만 몇 장 준비했고 나머지는 100달러 짜리로만 가지고 갔다. 막상 가보니 길거리에서나 상점에서 파는 나무 조각품은 보통 서로 흥정해서 가격이 결정되는데 100달러 짜리로는 아무래도 거래가 힘들어 할 수 없이 달러 교환소로 갔다. 거기엔 젊은 남자 두명이 있었다.

나: "안녕하세요.
　　여기 100달러짜리를 10달러짜리로 바꿔주세요."
젊은 청년: "네. 기다려주세요. 여기 있습니다."
나: "아니, 1달러짜리 10장인데요. 100달러 줬잖아요."
젊은 청년: "10달러 받아서 1달러 10장으로 주는
　　　　　　거잖아요."

나: "정말 어이가 없네요. 내가 100달러 줬는데 말이
    안되잖아요."

청년들이 빡빡 우긴다. 10달러라고. 마침 그때 일행 중 한
명이 지나가길래 불러서 문제가 생겼다며 경찰을 불러 달라
고 했다. "Call the police, Call the police!"

그제야 이 청년들이 "마담, 진정하세요. 다시 한번 확인해
볼께요!" 자기들이 점검해 본다면서 달러를 세는 척만 하는
건지? 이미 신뢰가 바닥난 상태였다.

조금 지난 후, "마담, 100달러가 맞네요." 하며 10달러짜
리 10장으로 내어준다. '휴! 다행'이라고 속으로 생각하며 사
람 사는 곳은 어디에서나 이런 문제가 있을 수 있구나 싶었
다. 다음번에는 좀 더 세심한 준비를 해야 되겠다고 스스로
에게 다짐했다.

발리에서 생긴 일 2

회사에서 보내준 발리 연수로 젊은 팀장들은 신바람이 났다. 모처럼의 연수에다 그것도 낭만적인 발리섬이라니. 짧은 팬츠, 화사한 셔츠, 선글라스, 모자, 편한 샌들. 나름대로 멋을 잔뜩 부렸다. 해변에서 썬탠도 하고, 마사지도 받다가 바다에 들어가 수영도 즐기고, 모두들 동심의 세계로 풍덩~

발리는 바틱 제품과 목각이 유명하다. 어린 아이들조차 목각 제품을 조각하는 손기술이 탁월하며 예술성도 뛰어나다. 특이한 색감의 바틱 제품에도 관심을 가지며 모두들 하나둘씩 구입하기 시작했다.

한 명이 구입한 바틱 제품이 물세탁을 한 후 색이 바래질까 봐 걱정이 되어서 직원한테 물어보고 싶은데 영어가 안되니 그냥 "Color 훨~훨?" 하고 물었단다. 그 이야기를 듣고 모두 웃음 한바탕이었지만 국제시대에 조금이라도 생활 영어는 할 줄 알아야 겠다는 생각이 들었다.

여행 멀티형

2019년 늦가을 친손녀의 초등학교 졸업 기념으로 아들네와 베트남 하노이, 다낭으로 5박 6일간의 여행을 갔다. 온 가족이 다 함께 일본 여행을 간 적은 있지만 아들네와 해외여행은 처음이다.

아들 가족들의 여행 스타일은 호텔에서 '쉼', 그야말로 호캉스다. 그러고 보니 세 남매의 여행 스타일이 각기 다르다. 큰딸 가족은 외손자들이 초등학생이다 보니 경험을 중시해 바다 해수욕, 박물관 및 전시관 관람, 각종 만들기 프로그램 참여 등 체험과 학습 중심의 여행을 선호한다. 막내딸 부부는 대만, 일본 등 차 산지에서 다구 다기세트 투어, 특별한 음식기행, 커피투어, 료칸에서의 휴식 등 테마를 정해 차와 음식을 즐기는 편이다.

나는 세 남매의 여행 컨셉에 따라 다 맞추며 즐기는 "여행 멀티형"이다. 그래서인지 세 남매 가족 모두 나를 잘 데리고 여행을 가는 편이다. 자칫하면 서로에게 불편할 수 있는 게 여행의 여정인데 이렇게 같이 가자고 해줘서 고맙고 거기다 나의 체력이 아직은 버텨주기에 더 다행인 일이다.

다낭의 숙소는 해변과 마주 보고 있어 선셋의 멋진 풍광도 이른 새벽의 일출을 감상하기에도 더없이 좋았다. 떠오르는 해를 보니 새로운 기분에 희망찬 마음과 감사한 생각으로 가슴이 뭉클했다. 잊을 수 없는 감동의 시간이었다.

호이란으로 콜택시를 타고 가는데 도심쪽이 아닌 시골풍경의 길로 들어서니 불안한 마음이 살짝 들었다. 인심 좋아 보이는 기사님은 연신 싱글벙글 하시며 기분이 좋으시다. 막상 도착한 곳은 계획에 없던 소쿠리배 투어였다. 처음 택시를 탔을 때 기사님이 뭔가를 물었는데 아들이 'Yes'라고 대답한 것이 문제였다. 소통의 문제가 있긴 했지만, 뜻밖의 경험을 할 수 있는 기회여서 우리도 Okay.

소쿠리배 타는 내내 다들 떨어질까봐 열심히 잡고 있으면서도 연신 키득키득. 손녀와 색다른 추억을 만들어 준 기사님께 이내 감사했다. 며느리는 어머님과 여행하니까 너무 편하다고 진심으로 좋아한다. 보통 자기 식구들끼리 여행 가면 며느리가 다 알아서 챙겨야 하는데 이번 여행은 어머님이 가이드 못지않게 챙겨주시니 본인은 더 여유롭게 즐길 수 있단다.

다음에도 어머님 모시고 또 여행 가고 싶다는 며느리. 듣기만 해도 얼마나 감사한 일인가. 여행은 마음을 더 열어준다. 손녀와 손잡고 거닐며 나눈 정다운 대화들은 손녀와 나의 마음의 고리를 더 이어주었다. 물건 살 때마다 베트남 화폐로 계산하기 어려워하는 할머니 옆에 꼭 붙어서 계산을 도와준 손녀의 배려에서도 따뜻함이 느껴졌다.

아들, 며느리와 함께 받는 풀마사지, 티하우스에서 마신 그윽한 차와 힐링의 시간들로 메꾼 5박 6일의 행복한 여정. 반복되는 일상을 벗어나 새로운 곳에서 여정을 함께 보내다 보면 가족 간의 각별한 뭔가가 더 생기는것 같다. 여행이 주는 여유가 나 자신과 가족들에게 평소보다 관대하게 되고 오롯이 가족에게만 집중할 수 있는 시간이기에 가능하다.

매번 여행에서 돌아오면서 다짐한다. 체력관리, 건강관리 잘해서 할 수 있는 한 손자, 손녀들과 새로운 곳으로 떠나보고 싶다고. 단, 잔소리는 NO,

긍정의 표현에는 주저함이 없는 여행 멀티형으로!!

We can do it !

큰딸 가족과 괌 여행을 준비하면서 꼭 해보고 싶었던 것이 있었다. 짚라인에 도전하는 것이었다. 오래전 회사에서 괌에 갔을 때 정글 투어를 재밌게 해본 적이 있어서 이번엔 짚라인을 타보자며 딸에게 예약을 부탁했다. 딸과 사위가 조금 망설이는 것 같아 괌에서 타는 짚라인은 그리 길지 않을 거라고 손자들에게도 새로운 경험이 되지 않겠냐며 설득해 결국 해보기로 했다. 사실 말은 그리했지만 위낙 겁이 많은터라 살짝 걱정되기도 했다.

막상 짚라인을 타보니 발밑이 우거진 숲이라 높이를 제대로 가늠 못해서인지 생각보다 무섭지 않았다. 새로운 도전으로 또 하나의 추억이 만들어진 짜릿한 경험이었다. 한 번 타고 아쉬워 한 번 더 타고 내려오니 현지인 가이드가 엄지척을 보인다. 짚라인 타며 찍은 사진을 보면 내가 정말 신나 보인다. 내게 이런 면이 있었다니. 어릴 적부터 겁많던 나였는데... 가끔 보면 나도 나를 잘 모를 때가 있다. 나이를 먹으면서 나의 새로운 모습과 마주할 때면 놀랍다가도 반갑기까지 하다. 이번 짚라인 성공으로 다음번에는 바다 위를 가로지르는 짚라인에 도전해 볼까 한다.

다음 코스는 짚차로 정글 투어를 하는 것이었다. 현지인 가이드가 직접 짚차를 운전해 빠른 속도로 질주하는데 처음에는 다들 신나서 야호하며 즐거워하다가 안전장치도 없이 속도를 높이며 꼬불꼬불한 길을 계속 달리니 딸과 사위는 좀 불안한 생각이 들었단다. 목적지 도착 바로 직전, 다른 사람들 보는 앞에서 팁 주기가 힘들듯해서 내가 미리 가이드에게 팁을 준 게 화근이었다. 가이드는 '앵콜'로 착각해 더 속력을 내어 다시 정글로 들어가는게 아니겠는가.

　순간 딸은 "엄마!" 사위는 "장모님!"
　딸과 사위의 원망섞인 목소리~~~

낭만 가득한 자유여행

20여 년 다니던 직장을 그만두고 우연히 급조된 딸과의 영국여행. 영국에서 단기간 인턴십을 끝낸 딸이 엄마와의 여행을 위해 열심히 이것저것 준비하길래 엄마는 이제 주부로 돌아왔으니 젊은 사람들처럼 배낭여행을 해도 괜찮다고 말해 주었다. 런던의 유명한 킹스크로스 플랫폼에서 동쪽 해안을 가로지르는 에딘버러행 기차를 탔다. 딸은 '해리포터'에 나오는 유명한 역이라며 나보다 더 들떠 있었다. 기차 안 분위기는 아늑했고 좌석 의자도 편했다. 기차 안 카페에서 파는 블루베리 머핀과 아메리카노를 사서 자리에 앉았다. 창밖으로 보이는 파란 수평선, 그 옆으로 기암괴석이 끝없이 펼쳐진 풍경은 바라보기만 해도 가슴이 뻥 뚫리는 기분이었다. 와! 기차 여행이 이런 낭만이 있구나. 창밖 풍경에 넋놓으며, 딸과 이런저런 이야기하다 보니 생각보다 빨리 에딘버러에 도착했다.

민박집에서 맛있게 저녁을 먹은 후 언덕으로 올라가서 야경을 보기로 했다. 마침 한국에서 혼자 여행 온 젊은 여성이 있어서 안전을 고려해 함께 동행하자고 했다. 황홀한 도시의 야경에 흠뻑 취한 첫날 밤이었다.

이튿날은 스털링으로 떠났다. 처음으로 들린 곳은 언덕위에 우뚝 솟아 있는 '스털링성'이었다. 그곳은 스털링 전투를 승리로 이끈 스코틀랜드의 영웅 '윌리암 윌레스'의 이야기로 유명한 곳이며, 우리에게 친숙한 영화 '브레이브 하트'의 촬영지 이기도 하다. 영화의 주연으로 나온 멜 깁슨 사진도 걸려있다. 스털링은 큰 도시는 아니지만 역사적인 장소이다. 도시 한가운데에 서 있으면 중세시대에 와있는 듯한 착각이 들 정도였다. 아늑한 레스토랑에서 소고기와 채소를 곁들인 바게트를 점심으로 먹고 야외 테라스에서 카푸치노 한잔을 마셨다.

여행이 이렇게 여유롭다니.

그동안의 여행과 다르게 딸과의 여행은 일정에 쫓기지 않고 걷고 싶으면 걷고 쉬고 싶으면 쉰다. 프리한 여행의 매력에 흠뻑 취하게 되었다. 예쁜 가게에 들러서 추억이 될 기념품도 사고 또 마을 구경도 하면서 걷기도 했다. 다시 에딘버러로 돌아와 이층 투어 버스를 타고 에딘버러 성도 둘러보고 국립미술관에 들러 관람도 느긋하게 했다.

딸과 함께 에딘버러의 구석구석을 구경하며 걷고 또 걸으면서 소소한 행복을 느끼고, 또 새로운 얘깃거리를 만든 자유로운 여행이었다. 이때부터였던 것 같다. 자유여행이 주는 매력을 알게 된것이.

캐롤린과의 첫 만남

밴쿠버로 어학연수를 간지 일주일쯤 지났을 때다. 으스름한 저녁 시간에 동네 산책을 나갔다. 좁은 방에 있으니 답답하기도 하고 바람도 쐴 겸 동네 한 바퀴를 걷고 있는데 내 머리 위로 까마귀가 까악하며 지나 가더니 또 되돌아 와서는 위협적인 모습으로 까악하며 지나간다. 안그래도 가족들 생각에 약간 센치한 마음이 들던 터인데 저 까마귀 마저 나를 성가시게 하네 하며 가던 길을 다시 갔다. 어디선가 아카시아 꽃향기가 바람에 실려와 내 코에 와 닿는다.

여기도 아카시아 나무가 있구나 하며 향기 나는 쪽으로 걸어가 보니 키가 큰 나무에 가지마다 아카시아 꽃이 소복이 피어있다. 작은 꽃 가지를 하나 꺾어서 코에 갖다 대니 진한 향이 온몸에 가득 퍼지는 느낌이었다. 그때 건너편 벤치에 앉아 담배를 피우는 중년 여성이 눈에 들어왔다. 순간 가지를 꺾어 버린 내 행동이 부끄럽기도 하고 민망했다. 중년여성에게 다가가 인사를 한 후 미안하다고 했다. 그리고 서로의 이름을 소개하며 난 Rose, 그 여성은 캐롤린(Carolyn). 그렇게 우리의 만남은 시작되었다.

나는 한국에서 일주일 전에 여기 도착해서 몇 번지에 살고 있고 며칠 전에는 일일 여행으로 시애틀을 다녀 왔다고 하니 시애틀 발음을 다시 해 보란다.

"Seattle, Seattle" 몇 번이나 다시 반복을 했다.

나는 씨애틀, 캐롤린은 씨애를.

처음 만났지만 희한하게도 이야기가 술술 나왔다. 집으로 돌아갈 시간이 되어 인사하니 캐롤린이 우리집 주소를 묻길래 가르쳐 주고는 집으로 돌아왔다. 그리고 며칠 후 저녁, 방에서 어학원 숙제를 하고 있는데 캐나다 남자 주인이 'Rose' 하며 부른다. 손님이 왔다며 현관으로 나가 보란다.

'누가 나를 찾아오지? 올 사람도 없는데' 하며 계단을 내려가 1층 현관문을 여니 캐롤린이 개를 데리고 웃으며 서 있었다. 혹 시간이 되면 개 산책도 시킬겸 근처 슈퍼마켓과 자주 가는 단골집도 알려줄테니 같이 나가자는 것이었다.

당연히 'Okay' 라고 대답하곤 방으로 올라가서 옷을 갈아입고 내려갔다. 이렇게 캐롤린과의 두번째 만남은 이어졌다.

한여름의 음악 축제

7월 중순 제리코 비치 공원에서 열리는 음악 축제에 가보자고 캐롤린이 권했다. 나도 이런 기회에 한번 참여해 보자며 일일 티켓을 구매하니 손목에 파란띠를 둘러준다. 음악 페스티벌은 여러 장르의 음악으로 나뉘어져 있어 본인이 듣고 싶은 음악을 선택해 잔디에 앉아 즐기면 된다. 어떤 이들은 자유롭게 춤을 추면서 즐기기도 한다. 음악으로 하나된 축제의 장이다. 캐롤린은 자원봉사자로 참여해서 각자 점심을 해결한 후 오후 2시경 만나기로 했다. 주위에는 푸드트럭들이 여러 곳에 있었지만 별로 먹고 싶은 게 없고 해서 해변 백사장쪽으로 가서 걷다 보니 호텔이 눈에 들어왔다. 2층으로 올라가 보니 멋진 레스토랑이 있었다. 레스토랑 창밖으로 보이는 하늘과 바다 풍경이 그야말로 예술이었다.

음식값이 꽤나 비싼곳 같았지만 그래도 한 번쯤은 경험도 해보고 싶어서 주문해야겠다 생각하고 옆쪽으로 고개를 돌리니 웨이터가 두툼한 빅 사이즈 햄버거를 남자분에게 서빙하는 모습이 눈에 들어왔다. 나도 저걸 먹어야지 하고 기다리는데 아무도 주문을 받으러 오지 않는다. 좀 더 기다리다 보니 한쪽 편에 사람들이 줄을 서 있는 모습이 보였다.

아하! 저기가 주문을 하는 곳인가 보다 싶어 나도 그쪽으로 가서 줄을 섰다. 내 차례가 되어서

　나 : "햄버거 주문할게요."
　직원 : "마담, 회원 번호가 몇 번이세요?"
　나 : "아니 난 그런 번호 없는데요."
　직원 : "회원 카드 있어요?"
　나 : "난 여기 처음 왔고요, 회원 카드가 없어요."
　순간 여긴 회원 전용이구나 싶었다.
　나 : "실수했네요. 미안해요. 미안"

　부끄러워 하며 뒤돌아 나오는데 줄 서있는 현지인들이 나의 실수에 빙그레 미소지으며 화답해 준다. 캐나다의 자연을 닮은 넉넉함이랄까? 다시 축제현장으로 돌아오니 허기가 느껴져 할 수 없이 샌드위치와 커피로 점심을 대신했다. 2시에 캐롤린을 만나 있었던 이야기를 하니 쩐 부자들의 요트클럽이란다. 아! 창피. 창피.

50대 아줌마들의 수다

밴쿠버 생활은 그야말로 활기차고 바쁜 나날의 연속이었다. 한달 권 버스 티켓에 1달러만 추가하면 밴쿠버 인근은 웬만하면 다 갈 수 있어서 주말에는 혼자 여러 곳을 구경하며 많이 다녔다. UBC대학, 화이트 호올스, 그라우즈 마운틴, 서스펜스 카필리노 브릿지, 그랜빌 아일랜드 등에 다녀 오기도 하고 그레이하운드를 타고 휘슬러도 당일치기로 다녀 오기도 했다. 휘슬러에서는 산 정상까지 리프팅을 타고 올라가던 중, 발밑에서 야생곰이 나타나 놀라기도 했다. 멋진 다크 브라운색의 곰이었다. 이렇게 가까이에서 곰을 볼 수 있다니 정말 행운이라는 생각이 들었다

한국으로 돌아오기 며칠 전 캐롤린이 어릴 때 부모님과 자주 가던 강가에 가보자고 했다. 경치도 좋아 걷기에도 좋고 또 독수리도 볼 수 있다고 한다. 차를 타고 가는 중간에 시골 간이 장터가 열려 있어 잠시 차를 세웠다. 인근 현지에서 갓 수확한 과일과 싱싱한 채소를 팔고 있었다. 난 자두를 좋아해서 굵고 달콤해 보이는 자두를 산 다음 구경하고 있는데 동양인으로 보이는 아줌마가 웃으면서 다가와 인사를 하더니 자기가 산 블루베리 상자를 내민다.

"이것 좀 드세요. 엄청 달아요." 한다. 그렇게 블루베리를 맛보며, 우리의 폭풍 수다가 시작되었다. 자기는 일본인이며 일본에서 살다가 의사인 남편이 암으로 세상을 떠나 너무 마음이 아프고 힘들어서 남편과의 추억이 많은 일본에 살기 싫었단다. 그래서 하나뿐인 아들과 캐나다로 이민 오게 되었다고. 호구 조사처럼 줄줄 이야기가 이어졌다. 캐롤린의 사연도 보태지고 나도 조금 거들고~

세 나라 아줌마들의 수다는 국경도 없다. 나이가 드니 부끄러움도 없어지고 서로의 이야기에 공감되는 부분도 있고 하니 이야기의 꼬리가 길어질 수 밖에. 달콤한 블루베리도 먹어가면서. 캐롤린은 예전에 일본 여행을 한 경험이 있어서 인지 동양 문화에 관심도 많고 동양인들에게도 열린 마음으로 다가섰다. 길 위에서 우연히 만났지만 또 하나의 추억이 된 기분 좋은 만남이었다.

한참을 수다 떤 후, 캐롤린과 함께 강 주변으로 경치를 감상하며 한 시간 이상 산책을 했다. 주변이 온통 블랙베리 덤불 지천이었다. 손등에 가시 찔려 가면서도 블랙베리 따먹는 재미가 솔솔했다. 한국에 오기 전날 캐롤린은 캐나다의 상징인 메이플 시럽과 함께 그날 직접 딴 블랙베리로 잼을 만들어서 선물해 주었다. 나보다 두 살 많은 언니이지만 우린 친구처럼 지냈고 함께 많은 추억을 공유한 베스트 프렌드였다.

언젠가 또 만날 날을 기약하면서 우린 서로에게,
 Goodbye, God bless you!

밴쿠버 아일랜드 여행

2008년 4월 막내딸과 함께 밴쿠버로 떠났다. 밴쿠버 여행 겸 캐롤린을 다시 만나기 위해서였다. 그전부터 캐롤린과 연락을 주고 받아 우리가 묵을 민박집도 정했고 또 3박 4일의 밴쿠버 아일랜드 여행 스케줄은 모두 캐롤린이 계획하며 준비를 했다. 밴쿠버 공항에 도착한 후 마중 나온 캐롤린과 반갑게 포옹하고 막내딸을 소개했다. 'Joo'라고. 캐롤린이 민박집까지 우리를 데려다 주었고 이틀 후 우리의 여행이 시작되었다.

〈첫째 날〉

밴쿠버 아일랜드로 가기 위해선 배를 타야 한다. 차를 배에 실어서 갈 수 있었는데 선착장으로 가는 길이 생각보다 시간이 걸려서 배 출발시간에 맞추기가 아슬아슬했다. 앗! 2분 늦었다. 텅 빈 주차장 차선에는 우리 차만 덩그러니.

다음 배 시간은 2시간 후인 오전 10시였다. 차에서 내려 옆 건물의 대합실로 들어가니 내부의 인테리어가 나무로 되어 있어서 고급 레스토랑에 온 듯한 느낌이었다. 이른 아침이었지만 일치감치 오픈한 카페, 빵집, 악세사리점, 그리고 막

준비 중인 상점들..

  비록 배는 놓쳤지만 또 다른 즐거움을 찾은 듯했다. 커피와 머핀을 먹으면서 시간을 보낸 후 배 시간에 맞춰서 나가보니 넓디 넓은 주차장은 이미 차들로 꽉 차 있었다. 맨 오른쪽 앞쪽 차선에 주차해 뒀던 차로 가서 얼른 앉았다. 숨 좀 돌리니 페리호 문이 열리면서 차들이 일사분란하게 배안으로 들어간다. 꽉찬 차들이 질서 정연하게, 금새 들어가는 시스템이 놀라울 따름이었다.

  섬에 도착한 후 가장 먼저 간곳은 '부차드 가든'이었다. 꽃순이인 나로서는 각종 꽃들에 눈 호강하고 꽃향기에 취해버릴 정도로 황홀했다. 꽃밭에서 충분한 시간을 보낸 뒤 우리는 다시 시내로 나와 엠플레스 호텔에서 에프터눈 티타임을 가졌다. 저녁에는 항구 쪽으로 바다 바람을 맞으며 산책도 하고 인근 펍에 가서 간단히 요기를 했다. 허니비어도 함께~

  〈둘째 날〉
  동쪽 끝의 나나이모 쪽으로 가는 길은 바다도 보이면서

양쪽의 풍경은 완전 드라이브 코스였다. 분위기 있는 팝도 들으면서, 마치 라이브 카페처럼~ 미리 예약한 B&B는 언덕 위의 하얀 집이었고 철망 안에는 한 무리의 양들이 놀고 있었고 마당 군데군데에는 수선화가 활짝 피어 있었다. 언덕에서 바라보니 푸른색의 바다가 한 눈에 들어왔고 테크 끝 쪽 테라스에는 핫탑도 준비되어 있었다.

주인 아저씨의 모습은 텁수룩한 농부 타입이었는데 알고 보니 꽤나 감성적인 분이셨다. 우리가 묵을 방안과 거실, 부엌에도 활짝 핀 노란 수선화를 가득 꽂아 두어서 화사함이 집 안을 가득 채웠다. 타원형 돌 위에 버터를 세팅해 놓은건 참신한 아이디어였다. 밤에는 캐롤린과 수영복을 입고 뜨거운 핫탑에 들어가서 밤하늘에 펼쳐지는 별들의 축제를 감상하기도 했다.

〈셋째 날〉
밴쿠버 아일랜드의 지형은 긴 고구마 같이 생겼다. 오늘은 위쪽 지역으로 이동하며 경치 좋은 곳에서 커피도 마시며 쉬엄쉬엄 가다 보니 나무숲으로 둘러싸인 B&B에 도착했다.

우리가 묵을 곳은 안채와 떨어진 통나무집이었다. 주인 부부는 스코틀랜드에서 이주해 왔고 고향의 정취를 느낄 수 있게 집 전체를 통나무로 지었으며, 세련된 소품에 다양한 차 종류와 오가닉 잼도 여러가지를 준비해 주어 휴식을 취하기에 최상의 조건이었다. 다음날 이른 아침에 숲속 산책도 할 겸 나와보니 형형색색의 벌새들이 설탕물을 먹으려고 파닥파닥 날갯짓하는 모습이 너무 귀엽고 사랑스러웠다. 이렇게 가까이서 벌새(humingbird)를 보는 건 난생 처음이었다.

〈넷째 날〉

차를 타고 40분쯤 위쪽으로 이동하니 바닷가 옆쪽으로 공원이 있었다. 공원 안쪽에는 유유히 걷는 사슴도 보이고 이름 모를 야생화 꽃밭도 있었다. 공원 주변을 한 바퀴 돌고 나서 숲으로 들어가 보니 바닷가가 훤히 내려다 보이는 언덕 위로 군데군데 오두막처럼 생긴 나무집들이 있다. 숲길도 푹신한 스펀지처럼 걷기도 편했고 신선한 공기와 숲의 향기에 몸도 마음도 힐링이 되었다.

땡! 땡! 땡!

경쾌한 종소리가 들렸다. 그 소리에 작은 나무집에서 연세 드신 노부부들이 나온다. 점심시간을 알리는 식사 종소리였다. 우리도 그분들을 따라가 보니 삼삼오오 둘러앉아 담소를 나누다가 우리를 보고 인사를 건넨다. 어디서 왔느냐고 묻길래 한국에서 딸과 함께 친구를 만나러 와서 여행중이라고 했다. 노부부들은 멀리서 온 우리가 반가운지 같이 사진 찍자고 권하며 여러가지를 물어보셨다. 나이가 들면서 서로 의지하며, 때로는 친한 친구처럼 사이좋게 여생을 보낸다는 건 축복이라는 생각이 들었다. 부럽다는 생각도 살짝. 밴쿠버섬은 캐나다인들이 노후를 보내고 싶은 일순위 장소답게 은퇴한 노인들이 많이 살고 있기도 했다.

밴쿠버로 돌아오기 위해 부두 선착장으로 들어서는 순간 운전석 창문 안으로 갑자기 노란 서류 봉투가 쓰윽 들어왔다. 알고 보니 캐롤린이 여행 준비 자료가 든 봉투를 민박집에 두고 와서 주인 아저씨가 돌려주기 위해 오셔서 기다리고 계셨던 것이다. 주인 아저씨의 배려가 너무 감사했다. 3박 4일 우리들의 추억이 더 따뜻하게 기억될 것 같았다.

5년 뒤 2013년, 캐롤린도 만나고 토론토에서 퀘백까지 팔백 킬로미터의 메이플 로드도 볼 겸 다시 캐나다를 방문했다. 벌써 다섯번째 캐나다 방문이라니. 아마도 캐롤린과 나는 전생에 친자매가 아니었을까 하는 생각이 들 만큼 나에게 캐나다는 제2의 고향 같은 곳이다.

새로운 꿈을 꾸다

2014년 고교 동기들과 아일랜드 일주를 마칠 때쯤 아일랜드 현지 여행사 사장님이 투어버스 안 TV 화면에 아이슬란드의 자연적인 풍광과 밤하늘에 춤추는 '빛의 향연 오로라'를 보여주었다. 친구들도 그 영상을 보면서 와! 멋지다! 하며 모두 감탄사를 연발했다. 현지 여행사 사장님은 아이슬란드는 단체 여행은 어렵고 네명이 한조가 되어서 4륜 자동차로 관광을 해야 한다고 했다. 관광지에는 식당이 없는 관계로 점심도 도시락으로 준비해야 하며 8박 9일의 여행경비는 천만 원에서 천이백만 원 정도라고 설명했다.

내 나이도 만만치 않은 데다 먼거리에 날씨마저 추운 지역이고 경비마저 부담스럽고 하니 그다지 끌리진 않았다. 한국으로 돌아오는 비행기에서 대구 여행사 사장님과 나란히 앉게 되었다. 늘 유럽 맞춤 여행을 끝내고 돌아올때 사장님의 단골 멘트 중 하나 "다음은 어디로 가실 건가요?"하고 물으신다. 이번에는 내가 먼저 묻게 되었다.

나 : "사장님은 아이슬란드 가보고 싶은 생각 있으신가요?"

사장님 : "네. 네. 제 인생에서 한 번은 꼭 가보고 싶은 곳
인데 이번에 아일랜드를 여행해 보니 더 가고
싶은 생각이 드네요."

나 : "그럼 네명을 한팀으로 해서 사장님과 저 그리고
두 명은 평소에 저랑 여행 짝으로 잘 맞는 두 분의
처장님으로 하면 딱 좋은데... 일단 한국에 가서
만나서 한번 이야기해 볼께요."

사장님 : "그렇게 되면 정말 좋겠네요. 우리가 직접 여행
준비를 해보면 더 좋을것 같아요."

한국에 돌아와서 두 처장님에게 아이슬란드 여행계획을 설
명했더니 다들 흔쾌히 동의했다. 이왕 말이 나온 김에 이달부
터 각자 여행경비를 10만 원씩 내어 적금을 들기로 했다. 그
러면 여행경비를 목돈으로 준비해야 하는 부담을 줄일 수 있
으니. 우리 세 사람은 오랫동안 '웅진'에서 함께 일을 해온 사
이어서 친자매처럼 지냈고 모임 명도 '세 자매'이다. 세명이
아 닌 그냥 한 명처럼...

먹는 것도 잘 먹고,

사는 것도 잘 사고,

가는 것도 잘 간다.

　사장님은 렌트카, 호텔, 런던 히드로에서 레이카비크 공항
까지 현지 국내선 예약에 운전 담당만, 우리는 인천 공항에서
영국 히드로 공항까지는 각자 아시아나 마일리지를 사용하
기로 하고 예약은 출발 1년 전에 하기로 결정했다.

　시간은 많이 남았지만 진행형~

꿈의 오로라

그리고 4년 후 드디어 출발!
그날은 2018년 9월 27일이었다.

수도 레이카비크에 도착한 첫날 밤에 오로라 투어를 위해 버스가 출발하는 장소에 가니 이미 여러 나라에서 온 관광객들이 모여 있었다. 도착한 투어버스에 탑승을 하고 오로라 관광을 위해 출발을 했다. 실시간으로 오로라를 예측하는 오로라 예보를 확인한 후 그 지역으로 가는 중이다. 캄캄한 암흑 같은 밤에 버스가 조금 높은 지역으로 달리는 그때, 창밖 우측 하늘에 초록빛의 물기둥이 두 갈래로 하늘로 뿜어 오르듯이 춤을 춘다. 보는 순간 숨이 멎을 것 같고 황홀함은 말로 표현할 수가 없었다. 모두들 와! 와우! 감탄만~

막상 도착한 장소는 암흑 천지였고 하늘엔 옅은 초록색만이 보일 뿐 더 이상의 춤추는 오로라는 볼 수가 없었다. 다음날은 블루라군에 가서 온천욕도 즐기고 아이슬란드의 3대 불가사의를 둘러보는 골든서클 투어도 한 다음 저녁쯤 비크에 있는 아이슬란드 에어 호텔에 도착해 짐을 풀었다. '꽃보다 청춘' TV프로에 나왔던 레스토랑에 가서 양고기

스테이크와 생맥주를 곁들여서 식사를 했다. 가격은 비쌌지만 맛은 최고였다. 이튿날 아침 조식 후 호텔 데스크에 가서 혹시 오로라 예측 예보가 높게 나오면 알려줄 수 있냐고 물으니 "Okay"하며 룸 넘버를 묻는다.

오늘의 관광 일정은 비크에서 이동시간이 3시간 반정도 걸리는 지역의 유명한 관광명소 몇 군데를 구경하는 것이었다. 한 20분쯤 가니 양쪽 길 옆에는 눈이 쌓여 있고 눈도 조금씩 내리기 시작한다. 초행길에 눈까지 오니 은근히 신경도 쓰이고 돌아올 때 눈이 쌓일것을 생각하니 걱정이 되기 시작했다.

다행히 얼마 지나지 않아 눈도 그쳤고 날씨도 다시 화창해졌다. 도착한 곳의 경치는 너무나 아름다웠다. 빙하에서 떨어져 나온 얼음 조각은 다이아몬드 같이 반짝거렸고 바다 위에 보이는 빙하의 모습은 딴 세상 풍경 같았다. 돌아오는 길에 국립공원에 들러 단풍든 산길을 따라 걷기도 했다. 곱게 물든 나뭇잎과 산봉우리에 덮인 설산의 모습은 자연이 만든 최고의 걸작품이었다.

오늘의 저녁 식사 역시 어제 간 맛집 레스토랑이었다. 오늘도 원기 회복으로 비프 스테이크와 생맥주를...

호텔로 돌아와서 조금 있으니 비바람이 불기 시작했다. 빗방울도 점점 거세지고. 이 날씨에 오로라는 강 건너 갔구나 싶었다. 그날은 강행군한 하루였기에 모두 깊은 잠에 빠졌다. 전화벨 소리가 들리는 것 같았지만 꿈속에서인지 헷갈리기도 하고 너무 피곤해서 일어날 수가 없었다. 새벽 3시에 눈을 떠서 커텐을 열어보니 하늘에 별이 가득했다.

아쉽다! 그때 전화를 놓친 게. 하늘 전체가 다양한 색으로 뒤덮인 환상적인 빛의 축제는 못 봤지만 그나마 초록의 물기둥 모양이라도 볼 수 있었다는 게 감사한 마음이 들었다. 3대의 복을 쌓아야만 볼 수 있는 '오로라' 라고 하니~

아이슬란드 여행 중 가장 기억에 남는 것들은 야외 테이블에서 피크닉을 준비해 즐긴 점심과 청정한 자연 그대로의 모습, 검은 모래 해변과 바다로 뻗어있는 코끼리 바위, 푸른초원 위의 토실토실한 양 떼들.

조용한 시크릿 라군에서 여정 피로를 풀며 캔맥주 한잔으로
낭만 가득한 아이슬란드의 꿈 같은 여정을 마무리한다.

아! 마추픽추

　남미 여행을 가야 되겠다고 결심하게 된 계기는 남미의 잉카, 아즈텍, 마야 문명에도 관심이 있었지만, 무엇보다 공중도시 마추픽추와 이과수폭포 '악마의 목구멍'을 보고 싶었기 때문이다.

　친척 남동생이 오래전에 남미 아르헨티나로 이민을 가서 한 번씩 한국에 올 때마다 비행시간도 오래 걸리고 돌아갈 때도 이틀씩이나 걸린다 해서 처음에는 엄두가 나질 않았다. 내 주변에도 남미 여행에 관심을 가지는 사람이 없었는데 마침 나보다 다섯살 아래인 김 처장이 가보고 싶다고 해서 함께 떠날 수 있었다. 여행 일정이 23일이나 되니 나 역시 마음을 단단히 먹고 가기전에 체력보강을 위해 보약 한 재를 지어 먹은 후 친정 엄마도 예방 차원으로 보약을 지어 드렸다. 나 없을 때 아프지 말라고~

　고산병에 대비하기 위해 출발 전 인천 공항에서 5일분의 비상약을 준비한 후 남미로 향했다. 우리는 23일간 캐리비안의 휴양지 칸쿤, 멕시코 시티, 브라질 예수님 석상, 아르헨티나의 이과수 폭포 등 주요 관광지를 거처 거의 막바지에 페루로 이동해 마추픽추를 보기로 했다. 페루 리마행 비행기를 타기 위해 상파울로 공항에 들어서는 순간 공항 안 TV를 통해 페루 우루밤바쪽의 물난리가 난 모습을 보게 되었다. 우루밤바는 마추픽추로 가는 중간 지점이었기에 걱정이 슬금슬금~ 페루의 수도 리마에서 1박을 한 후 다음 날 아침 해발 3,400M에 있는 쿠스코 공항에 도착해서 걸어 나오는데 산소가 부족해서 인지 몸이 약간 비틀거리며 머리도 어질어질했다. 천천히 움직이며 공항 밖으로 나오니 조금씩 나아졌다.

이튿날 마추픽추로 가기 위해 우루밤바 쪽으로 이동하니 강물은 완전 진한 흙탕물에 주변의 흙집들은 다 무너졌고, 페루인이 주식으로 먹는 빵을 만드는 '빵 굽는 마을'도 폭우로 거의 초토화 되었다. 거기에다 하늘에는 고립된 관광객을 실어 나르는 헬리콥터가 요란한 소리를 내며 쉴새 없이 이동하고 있었다. 아이고! 마추픽추 보려고 이 먼 곳까지 왔는데… 미스 가이드가 마추픽추 사진을 보여주면서 상세히 설명해 주지만 내 귀에 쏙 들어 오지가 않았다. 이미 마음은 콩밭에 가 있으니~

한편으론 그곳에 고립되어 추운 밤을 떨면서 지새울뻔 했는데 이리 된게 다행이다 라는 위로 아닌 위로를~ 결국 마추픽추 대신 다른 코스로 일정을 바꾸었다. 살다 보면 계획대로 안 되는 일이 있기 마련이다. 더욱이 자연은 인간이 이길 수 없는 범주에 속하니까.

한국으로 돌아와서도 마음속에 남아있는 아쉬움은 어쩔수 없었다. 인생 한치 앞을 내다 볼 수 없으니 지금은 언제 어디든 다시 떠날 수 있는 건강을 지킬 수 밖에.

여행의 끝은 새로운 시작

마추픽추를 못 본 아쉬움을 남긴 채 페루 쿠스코에서 다시 리마로 돌아온 다음 푸노로 이동해 티티카카 호수에 도착했다. 선착장에서 토토로 갈대로 엮은 전통 배를 타고 갈대 섬 우로스에 가서 내리니 바닥 표면이 스펀치 처럼 울렁이는 대다 발이 자꾸 빠져서 걷기가 쉽지는 않았다. 섬에서 바라보니 호수 위에 또 다른 인공섬들이 보이고 그 넓이가 광대해서 호수가 아닌 바다 같았다. 해발고도 3,810m에 이렇게 넓은 호수가 있다니, 마치 자연이 만든 신비로운 작품처럼 느껴졌다.

다음 코스는 이카로 이동해 와카치나 사막에서 새로운 경험을 하는 일일 투어였다. 사막 한 가운데에서 보는 오아시스는 그저 신기할 따름이었다. 우리는 오아시스에서 잠시 휴식을 취한 뒤 버기카를 타고 모래언덕으로 질주한 다음 밑으로 쑤~욱 내려가는데 롤러코스터 보다 훨씬 더 스릴이 넘친다. 아~악, 아~악 괴성을 지를 수밖에. 마추픽추를 못 본 스트레스를 한 방에 날려 보냈다. 또 모래언덕에서 샌드보드를 타고 내려오는데 60도 경사가 생각보다 아찔했다. 겁많은 내가 도전을 하는게 뿌듯하기도.

마지막 여정은 나스카 지상화를 보기 위해 경비행기를 탔다. 나스카 일대에는 거미, 고래, 원숭이 그림이 30개 이상, 곡선이나 기하학 무늬들이 140개 이상 그려져 있다. 각각의 그림은 최대 300m의 크기로 매우 거대하기 때문에 오직 공중에서 봐야 완전한 그림을 다 볼 수 있다. 기원전 300년경에 그려졌다고는 믿을 수 없을 정도의 크기와 정교함이었다. 혹시 우주인이 그린 걸까 하는 의구심이 들 정도로 경이로움에 입을 다물지 못했다.

경비행기 투어를 마치고 내린 뒤 김처장이 "앗! 여권"한다. 경비행기 안에 두고 내린 것이다. 투어 버스 출발전에 알았기에 천만다행이지 모르고 갔다면 보통 낭패가 아니었다.

기나긴 남미 여정이 드디어 끝났다. 출발하기 전부터 우려가 많았던 여행인지라 아무 사고없이 잘 보낸 시간에 감사했다. 언젠가 기회가 되면 다시 가보고 싶은 공중도시 마추픽추! 과연 그런날이 올 수 있을까?

돌아오는 한국행 비행기 안, 긴장이 풀려서인지 피곤함이

몰려온다. 그래도 이번에도 잘 다녀왔구나 하는 안도감과 가슴벅참으로 이내 여행의 추억에 빠진다.

그리고 또 생각한다. 다음은 어디로 갈까?

에필로그 'epilogue'

2022년 1월, 두 딸과 강원도로 '감성 여행'을 떠났다. 코로나로 힘든 시간을 보내온 엄마와 언니의 감성을 살려야 한다며 막내딸이 계획한 2박 3일의 강원도 여행. 정말 내 마음 한켠에 웅크리고 있던 감성이 되살아 나서일까?

문득 지난 시간을 돌아보게 되고 삶의 흔적을 기록하고 싶다는 생각이 들었다. 부족한 글솜씨지만 글을 써 내려 가다 보니 내 머릿속의 기억이 실타래처럼 줄줄 연결되며, 지난날의 삶의 모습들이 마치 TV 화면에 비치는 것 같았다.

삼 남매를 모두 결혼시키고 좀 더 자유로운 생활을 즐기기도 하고 또 친구들과 국내, 국외여행을 다니며 색다른 경험을 해보기도 했다. 나름 큰 근심 없이 살아가던 중, 외손자가 다섯 살 까지 말을 못 해 큰딸 부부의 마음고생이 심했다. 대학병원에서 검사 결과 '발달 지연'을 판정받고 그런 딸 가족을 지켜보는 내 마음도 애달았다. 외손자가 걱정되어 어떤 것을 해도 신이 나지 않았고 부질없었다.

결국 큰딸은 아들을 위해 다니는 직장을 2년간 휴직했다.

가족 모두 마음을 모아 자연과 교감하는 여행을 두루 다니며 아이와 더 많은 시간을 함께하기 위해 노력했다. 많이 웃어야 뇌 활성에도 도움을 준다고 해서 놀이를 통해 더 많이 웃게 해줬다. 그러던 어느 날, 나무에서 순이 나서 잎이 자라나듯 외손자가 말을 막 쏟아내기 시작했다. 이렇게 기쁠 수가~

생각지도 못한 일을 겪으면서 인생에서 중요한 게 뭔지 다시 한번 생각해 보게 되었다. 뜻대로 되지 않는 게 인생이라지만 가족들이 합심해서 정성을 쏟으니 그 간절한 마음을 하늘도 아시는가 싶기도 했다. 그리고 그 일을 계기로 가족의 건강과 행복의 소중함을 새삼 깨닫게 되었다.

나는 삼 남매에게 나름의 원칙을 가지고 있다. 부모와 자식 간이라도 너무 가까이 다가가지 않고 개울물 사이처럼 적당한 거리를 두는 게 중요하다. 어떤 일을 결정해야 할 때는 며느리는 아들에게, 딸들은 남편에게 꼭 의논한 후 결정하라고 한다. 난 그 모습이 보기도 좋을 뿐 아니라 안심이 된다. 함께 정한 결론이니까~

재산을 좀 더 물려 주는 것보다 순간순간의 따뜻한 말 한마디와 진심 어린 행동으로 보여주는 사랑의 온기는 자식들에게 삶을 지탱하게 하는 에너지가 될 것이라 믿는다.

애들 아빠와는 일찍이 가슴 아픈 이별을 했지만 그 당시, 아들, 딸들은 평생 아빠에게 받을 사랑을 다 받았다고 말해 주면서 자기들은 그런 아빠가 있어서 행복하다고 했다. 삼 남매에게 아빠의 빈자리는 그렇게 채워졌다. 아빠가 한없이 주었던 사랑으로, 그 사랑에 대한 기억으로.

작년 2021년은 나에겐 잊을 수 없는 해다. 칠순을 맞아 가족들이 깜짝 이벤트로 나의 모든 시절을 담은 영상과 기념 앨범을 만들어 주었다. 너무 감동한 나머지 한참 동안 눈물을 흘렸다. 또 코로나로 인해 전체 가족이 다 모일 수는 없었지만, 아들, 딸 가족별로 준비한 국내 여행을 통해 일상의 답답함을 떨쳐 버리고 다시 활기찬 모습으로 돌아와 주어진 시간을 충실하게 보낼 수 있었다. 그런 시간이 있었기에 나의 인생의 흔적을 이렇게 기록하게 될 수 있었는지도 모르겠다.

지금껏 내가 있기까지 나와 동행해준 가족들, 고마운 인연들. 그 모든 분들 덕분에 이렇게 삶의 이야기를 풀어 놓을 수 있음에 진심 어린 감사의 마음을 전한다.

로즈 할머니의 인생정원
전석순 에세이

인쇄 2022년 9월 15일
발행 2022년 9월 30일

발행인 이은선
발행처 반달뜨는 꽃섬 [서울시 송파구 삼전로 10길50, 203호]
연락처 010 2038 1112   E-MAIL itokntok@naver.com

ISBN 979-11-91604-10-8 (03010)